Hauff | Die Geschichte von dem kleinen Muck

Wilhelm Hauff

Die Geschichte von dem kleinen Muck

Märchen

Reclam

RECLAMS UNIVERSAL-BIBLIOTHEK Nr. 14562
2024 Philipp Reclam jun. Verlag GmbH,
Siemensstraße 32, 71254 Ditzingen
Umschlaggestaltung: Philipp Reclam jun. Verlag GmbH
Umschlagabbildung: Illustration zu *Die Geschichte von dem kleinen Muck*, kolorierter Holzstich nach einer Zeichnung von Theodor Weber, um 1871. – akg-images
Druck und Bindung: Esser printSolutions GmbH,
Untere Sonnenstraße 5, 84030 Ergolding
Printed in Germany 2024
RECLAM, UNIVERSAL-BIBLIOTHEK und
RECLAMS UNIVERSAL-BIBLIOTHEK sind eingetragene Marken
der Philipp Reclam jun. GmbH & Co. KG, Stuttgart
ISBN 978-3-15-014562-3

www.reclam.de

Die Geschichte von dem kleinen Muck

In Nicea, meiner lieben Vaterstadt, wohnte ein Mann, den man den kleinen Muck hieß. Ich kann mir ihn, ob ich gleich damals noch sehr jung war, noch recht wohl denken, besonders weil ich einmal von meinem Vater wegen seiner halb totgeprügelt wurde. Der kleine Muck nämlich war schon ein alter Geselle, als ich ihn kannte, doch war er nur drei bis vier Schuh hoch, dabei hatte er eine sonderbare Gestalt, denn sein Leib, so klein und zierlich er war, musste einen Kopf tragen, viel größer und dicker, als der Kopf anderer Leute; er wohnte ganz allein in einem großen Haus und kochte sich sogar selbst, auch hätte man in der Stadt nicht gewusst, ob er lebe oder gestorben sei, denn er ging nur alle vier Wochen einmal aus, wenn nicht um die Mittagsstunde ein mächtiger Dampf aus dem Hause aufgestiegen wäre; doch sah man ihn oft abends auf seinem Dache auf und ab gehen, von der Straße aus glaubte man aber, nur sein großer Kopf allein laufe auf dem Dache umher. Ich und meine Kameraden waren böse Buben, die jedermann gerne neckten und belachten, daher war es uns allemal ein Festtag, wenn der kleine Muck ausging; wir versammelten uns an dem bestimmten Tage vor seinem Haus und warteten, bis er herauskam; wenn dann die Türe aufging, und zuerst der große Kopf mit dem noch größeren Turban herausguckte, wenn dann das übrige Körperlein nachfolgte, angetan mit einem abgeschabten Mäntelein, weiten Beinkleidern und einem breiten Gürtel, an welchem ein langer Dolch hing, so lang, dass man nicht wusste, ob Muck an dem Dolch oder der Dolch an Muck stak, wenn er so heraustrat, da ertönte die Luft von unserem Freudengeschrei, wir warfen unsere Mützen in die Höhe und tanzten wie toll um ihn her. Der kleine Muck aber grüßte uns mit ernsthaftem Kopfnicken und ging mit langsamen Schritten die Straße hinab; dabei schlurfte er mit den Füßen, denn er hatte große, weite Pantoffeln an, wie ich sie noch nie gesehen. Wir Knaben liefen hinter ihm her und schrien immer: »Kleiner Muck, kleiner Muck!« Auch hatten wir ein lustiges Verslein, das wir, ihm zu Ehren, hie und da sangen, es hieß:

»Kleiner Muck, kleiner Muck,
Wohnst in einem großen Haus,
Gehst nur all vier Wochen aus,
Bist ein braver, kleiner Zwerg,
Hast ein Köpflein wie ein Berg,
Schau dich einmal um und guck,
Lauf und fang uns, kleiner Muck.«

So hatten wir schon oft unser Kurzweil getrieben, und zu meiner Schande muss ich es gestehen, ich trieb's am ärgsten, denn ich zupfte ihn oft am Mäntelein, und einmal trat ich ihm auch von hinten auf die großen Pantoffel, dass er hinfiel. Dies kam mir nun höchst lächerlich vor, aber das Lachen verging mir, als ich den kleinen Muck auf meines Vaters Haus zugehen sah. Er ging richtig hinein und blieb einige Zeit dort. Ich versteckte mich an der Haustüre und sah den Muck wieder herauskommen, von meinem Vater begleitet, der ihn ehrerbietig an der Hand hielt und an der Türe unter vielen Bücklingen sich von ihm verabschiedete. Mir war gar nicht wohl zumut, ich blieb daher lange in meinem

Versteck; endlich aber trieb mich der Hunger, den ich ärger fürchtete als Schläge, heraus, und demütig und mit gesenktem Kopf trat ich vor meinen Vater. »Du hast, wie ich höre, den guten Muck geschimpft?«, sprach er in sehr ernstem Tone. »Ich will dir die Geschichte dieses Muck erzählen, und du wirst ihn gewiss nicht mehr auslachen; vor- und nachher aber bekommst du das Gewöhnliche.« Das Gewöhnliche aber waren fünfundzwanzig Hiebe, die er nur allzu richtig aufzuzählen pflegte. Er nahm daher sein langes Pfeifenrohr, schraubte die Bernstein-Mundspitze ab und bearbeitete mich ärger als je zuvor.

Als die fünfundzwanzig voll waren, befahl er mir, aufzumerken, und erzählte mir von dem kleinen Muck:

Der Vater des kleinen Muck, der eigentlich Mukrah heißt, war ein angesehener, aber armer Mann, hier in Nicea. Er lebte beinahe so einsiedlerisch wie jetzt sein Sohn. Diesen konnte er nicht wohl leiden, weil er sich seiner Zwerggestalt schämte, und ließ ihn daher auch in Unwissenheit aufwachsen. Der kleine Muck war noch in seinem sechzehnten Jahr ein lustiges Kind, und der Vater, ein ernster Mann, tadelte ihn immer, dass er, der schon längst die Kinderschuhe zertreten haben sollte, noch so dumm und läppisch sei.

Der Alte tat aber einmal einen bösen Fall, an welchem er auch starb, und den kleinen Muck arm und unwissend zurückließ. Die harten Verwandten, denen der Verstorbene mehr schuldig war, als er bezahlen konnte, jagten den armen Kleinen aus dem Hause und rieten ihm in die Welt hinaus zu gehen, und sein Glück zu suchen. Der kleine Muck antwortete, er sei schon reisefertig, bat sich aber nur noch den Anzug seines Vaters aus, und dieser wurde ihm auch bewilligt. Sein Vater war ein großer starker Mann gewesen, daher passten die Kleider nicht. Muck aber wusste bald Rat; er schnitt ab, was zu lang war, und zog dann die Kleider an. Er schien aber vergessen zu haben, dass er auch in der Weite davon schneiden müsse, daher sein sonderbarer Aufzug, wie er noch heute zu sehen ist; der große Turban, der breite Gürtel, die weiten Hosen, das blaue Mäntelein, alles dies sind Erbstücke seines Vaters, die er seitdem getragen; den langen Damaszener-Dolch seines Vaters aber steckte er in den Gürtel, ergriff ein Stöcklein, und wanderte zum Tor hinaus.

Fröhlich wanderte er den ganzen Tag, denn er war ja ausgezogen, um sein Glück zu suchen; wenn er einen Scherben auf der Erde im Sonnenschein glänzen sah, so steckte er ihn gewiss zu sich im Glauben, dass er sich in den schönsten Diamant verwandeln werde; sah er in der Ferne die Kuppel einer Moschee wie Feuer strahlen, sah er einen See wie einen Spiegel blinken, so eilte er voll Freude darauf zu, denn er gedachte, in einem Zauberland angekommen zu sein. Aber ach! jene Trugbilder verschwanden in der Nähe, und nur allzu bald erinnerte ihn seine Müdigkeit und sein vor Hunger knurrender Magen, dass er noch im Lande der Sterblichen sich befinde. So war er zwei Tage gereist, unter Hunger und Kummer, und verzweifelte, sein Glück zu finden; die Früchte des Feldes waren seine einzige Nahrung, die harte Erde sein Nachtlager. Am Morgen des dritten Tages erblickte er von einer Anhöhe eine große Stadt. Hell leuchtete der Halbmond auf ihren Zinnen, bunte Fahnen schimmerten auf den Dächern und schienen den kleinen Muck zu sich herzuwinken. Überrascht stand er stille und betrachtete Stadt und Gegend; »ja dort wird Klein-Muck sein Glück finden«, sprach er zu sich und machte trotz seiner Müdigkeit einen Luftsprung, »d o r t oder n i r g e n d s«. Er raffte alle seine Kräfte zusammen, und schritt auf die Stadt zu. Aber obgleich sie ganz nahe schien, konnte er sie doch erst gegen Mittag erreichen, denn seine kleinen Glieder versagten ihm beinahe gänzlich ihren Dienst, und er musste sich oft in den Schatten einer Palme setzen, um auszuruhen. Endlich war er an dem Tor der Stadt angelangt. Er legte sein Mäntelein zurecht, band den Turban schöner um, zog den Gürtel noch breiter an, und steckte den langen Dolch schiefer; dann wischte er den Staub von den Schuhen, ergriff sein Stöcklein und ging mutig zum Tor hinein.

Er war schon einige Straßen durchwandert, aber nirgends öffnete sich eine Türe, nirgends rief man, wie er sich vorgestellt hatte: »Kleiner Muck, komm herein, und iss und trink und lass deine Füßlein ausruhen.«

Er schaute gerade auch wieder recht sehnsüchtig an einem großen schönen Haus hinauf, da öffnete sich ein Fenster, eine alte Frau schaute heraus, und rief mit singender Stimme:

»Herbei, herbei,
Gekocht ist der Brei,
Den Tisch ließ ich decken,
Drum lasst es euch schmecken;
Ihr Nachbarn herbei,
Gekocht ist der Brei.«

Die Türe des Hauses öffnete sich, und Muck sah viele Hunde und Katzen hineingehen. Er stand einige Augenblicke in Zweifel, ob er der Einladung folgen solle, endlich aber fasste er sich ein Herz, und ging in das Haus. Vor ihm her gingen ein paar junge Kätzlein, und er beschloss ihnen zu folgen, weil sie vielleicht die Küche besser wüssten als er.

Als Muck die Treppe hinaufgestiegen war, begegnete er jener alten Frau, die zum Fenster herausgeschaut hatte. Sie sah ihn mürrisch an und fragte nach seinem Begehr. »Du hast ja jedermann zu deinem Brei eingeladen«, antwortete der kleine Muck, »und weil ich so gar hungrig bin, bin ich auch gekommen.« Die Alte lachte laut und sprach: »Woher kommst du denn, wunderlicher Gesell? Die ganze Stadt weiß, dass ich für niemand koche als für meine lieben Katzen, und hie und da lade ich ihnen Gesellschaft aus der Nachbarschaft ein, wie du siehst.« Der kleine Muck erzählte der alten Frau, wie es ihm nach seines Vaters Tod so hart ergangen sei, und bat sie, ihn heute mit ihren Katzen speisen zu lassen. Die Frau, welcher die treuherzige Erzählung des Kleinen wohl gefiel, erlaubte ihm, ihr Gast zu sein, und gab ihm reichlich zu essen und zu trinken. Als er gesättigt und gestärkt war, betrachtete ihn die Frau lange und sagte dann: »Kleiner Muck, bleibe bei mir in meinem Dienste, du hast geringe Mühe und sollst gut gehalten sein.« Der kleine Muck, dem der Katzenbrei geschmeckt hatte, willigte ein, und wurde also der Bediente der Frau A h a v z i. Er hatte einen leichten, aber sonderbaren Dienst. Frau Ahavzi hatte nämlich zwei Kater und vier Katzen, diesen musste der kleine Muck alle Morgen den Pelz kämmen und mit köstlichen Salben einreiben; wenn die Frau ausging, musste er auf die Katzen Achtung geben, wenn sie aßen, musste er ihnen die Schüsseln vorlegen, und nachts musste er sie auf seidene Polster legen, und sie mit samtenen Decken einhüllen. Auch waren noch einige kleine Hunde im Haus, die er bedienen musste, doch wurden mit diesen nicht so viele Umstände gemacht wie mit den Katzen, welche Frau Ahavzi wie ihre eigenen Kinder hielt. Übrigens führte Muck ein so einsames Leben wie in seines Vater Haus, denn außer der Frau sah er den ganzen Tag nur Hunde und Katzen. Eine Zeitlang ging es dem kleinen Muck ganz gut, er hatte immer zu essen und wenig zu arbeiten, und die alte Frau schien recht zufrieden mit ihm zu sein; aber nach und nach wurden die Katzen unartig, wenn die Alte ausgegangen war, sprangen sie wie besessen in den Zimmern umher, warfen alles durcheinander und zerbrachen manches schöne Geschirr, das ihnen im Weg stand. Wenn sie aber die Frau die Treppe heraufkommen hörten, verkrochen sie sich auf ihre Polster und wedelten ihr mit den Schwänzen entgegen, wie wenn nichts geschehen wäre. Die Frau Ahavzi geriet dann in Zorn, wenn sie ihre Zimmer so verwüstet sah, und schob alles auf Muck, er mochte seine Unschuld beteuern, wie er wollte, sie glaubte ihren Katzen, die so unschuldig aussahen, mehr als ihrem Diener.

Der kleine Muck war sehr traurig, dass er also auch hier sein Glück nicht gefunden habe, und beschloss bei sich, den Dienst der Frau Ahavzi zu verlassen. Da er aber auf seiner ersten Reise erfahren hatte, wie schlecht man ohne Geld lebt, so beschloss er den Lohn, den ihm seine Gebieterin immer versprochen, aber nie gegeben hatte, sich auf irgendeine Art zu verschaffen. Es befand sich in dem Hause der Frau Ahavzi ein Zimmer, das immer verschlossen war und dessen Inneres er nie gesehen hatte, doch hatte er die Frau oft darin rumoren gehört, und er hätte oft für sein Leben gern gewusst, was sie dort versteckt habe. Als er nun an sein Reisegeld dachte, fiel ihm ein, dass dort die Schätze der

Frau versteckt sein könnten, aber immer war die Türe fest verschlossen, und er konnte daher den Schätzen nie beikommen.

Eines Morgens, als die Frau Ahavzi ausgegangen war, zupfte ihn eines der Hundlein, welches von der Frau immer sehr stiefmütterlich behandelt wurde, dessen Gunst er sich aber durch allerlei Liebesdienste in hohem Grade erworben hatte, an seinen weiten Beinkleidern und gebärdete sich dabei, wie wenn Muck ihm folgen sollte. Muck, welcher gerne mit den Hunden spielte, folgte ihm, und siehe da, das Hundlein führte ihn in die Schlafkammer der Frau Ahavzi, vor eine kleine Türe, die er nie zuvor dort bemerkt hatte. Die Türe war halb offen. Das Hundlein ging hinein, und Muck folgte ihm, und wie freudig war er überrascht, als er sah, dass er sich in dem Gemach befinde, das schon lange das Ziel seiner Wünsche war. Er spähte überall umher, ob er kein Geld finden könnte, fand aber nichts, nur alte Kleider, und wunderlich geformte Geschirre standen umher. Eines dieser Geschirre zog seine besondere Aufmerksamkeit auf sich; es war von Kristall, und schöne Figuren waren darauf ausgeschnitten. Er hob es auf und drehte es nach allen Seiten; aber, o Schrecken! er hatte nicht bemerkt, dass es einen Deckel hatte, der nur leicht darauf hingesetzt war; der Deckel fiel herab und zerbrach in tausend Stücken.

Lange stand der kleine Muck vor Schrecken leblos; jetzt war sein Schicksal entschieden, jetzt musste er entfliehen, sonst schlug ihn die Alte tot. Sogleich war auch seine Reise beschlossen, und nur noch einmal wollte er sich umschauen, ob er nichts von den Habseligkeiten der Frau Ahavzi zu seinem Marsch brauchen könnte; da fielen ihm ein Paar mächtig große Pantoffel ins Auge, sie waren zwar nicht schön, aber seine eigenen konnten keine Reise mehr mitmachen, auch zogen ihn jene wegen ihrer Größe an, denn hatte er diese am Fuß, so mussten ihm hoffentlich alle Leute ansehen, dass er die Kinderschuhe vertreten habe. Er zog also schnell seine Töffelein aus und fuhr in die großen hinein, ein Spazierstöcklein mit einem schön geschnittenen Löwenkopf schien ihm auch hier allzu müßig in der Ecke zu stehen, er nahm es also mit und eilte zum Zimmer hinaus. Schnell ging er jetzt auf seine Kammer, zog sein Mäntelein an, setzte den väterlichen Turban auf, steckte den Dolch in den Gürtel und lief, so schnell ihn seine Füße trugen, zum Haus und zur Stadt hinaus. Vor der Stadt lief er, aus Angst vor der Alten, immer weiter fort, bis er vor Müdigkeit beinahe nicht mehr konnte. So schnell war er in seinem ganzen Leben nicht gegangen, ja es schien ihm, als könne er gar nicht aufhören zu rennen, denn eine unsichtbare Gewalt schien ihn fortzureißen. Endlich bemerkte er, dass es mit den Pantoffeln eine eigene Bewandtnis haben müsse, denn diese schossen immer fort und führten ihn mit sich. Er versuchte auf allerlei Weise, still zu stehen, aber es wollte nicht gelingen; da rief er in der höchsten Not, wie man den Pferden zuruft, sich selbst zu: »Oh – oh, halt, oh!« Da hielten die Pantoffeln, und Muck warf sich erschöpft auf die Erde nieder.

Die Pantoffeln freuten ihn ungemein; so hatte er sich denn doch durch seine Dienste etwas erworben, das ihm in der Welt, auf seinem Weg, das Glück zu suchen, forthelfen konnte. Er schlief, trotz seiner Freude, vor Erschöpfung ein, denn das Körperlein des kleinen Muck, das einen so schweren Kopf zu tragen hatte, konnte nicht viel aushalten. Im Traum erschien ihm das Hundlein, welches ihm im Hause der Frau Ahavzi zu den Pantoffeln verholfen hatte, und sprach zu ihm: »Lieber Muck, du verstehst den Gebrauch der Pantoffeln noch nicht recht; wisse, dass wenn du dich in ihnen dreimal auf dem Absatz herumdrehst, so kannst du hinfliegen, wohin du nur willst, und mit dem Stöcklein kannst du Schätze finden, denn wo Gold vergraben ist, da wird es dreimal auf die Erde schlagen, bei Silber aber zweimal.« So träumte der kleine Muck; als er aber aufwachte, dachte er über den wunderbaren Traum nach und beschloss, alsbald einen Versuch zu machen. Er zog die Pantoffel an, lupfte einen Fuß und begann sich auf dem Absatz umzudrehen. Wer es aber jemals versucht hat, in einem ungeheuer weiten Pantoffel dieses Kunststück dreimal hintereinander zu machen, der wird sich nicht wundern, wenn es dem kleinen Muck nicht gleich glückte, besonders wenn man bedenkt, dass ihn sein schwerer Kopf bald auf diese, bald auf jene Seite hinüberzog.

Der arme Kleine fiel einige Mal tüchtig auf die Nase, doch ließ er sich nicht abschrecken, den Versuch zu wiederholen, und endlich glückte es. Wie ein Rad fuhr er auf seinem Absatz herum, wünschte sich in die nächste große Stadt, und – die Pantoffeln ruderten hinauf in die Lüfte, liefen mit Windeseile durch die Wolken, und ehe sich der kleine Muck noch besinnen konnte, wie ihm geschah, befand er sich schon auf einem großen Marktplatz, wo viele Buden aufgeschlagen waren und unzählige Menschen geschäftig hin und her liefen. Er ging unter den Leuten hin und her, hielt es aber bald für ratsamer, sich in eine einsamere Straße zu begeben, denn auf dem Markt trat ihm bald da einer auf die Pantoffel, dass er beinahe umfiel, bald stieß er mit seinem weit hinausstehenden Dolch einen oder den andern an, dass er mit Mühe den Schlägen entging.

Der kleine Muck bedachte nun ernstlich, was er wohl anfangen könnte, um sich ein Stück Geld zu verdienen; er hatte zwar ein Stäblein, das ihm verborgene Schätze anzeigte, aber wo sollte er gleich einen Platz finden, wo Gold oder Silber vergraben wäre? Auch hätte er sich zur Not für Geld sehen lassen können, aber dazu war er doch zu stolz. Endlich fiel ihm die Schnelligkeit seiner Füße ein, »vielleicht«, dachte er, »können mir meine Pantoffel Unterhalt gewähren«, und er beschloss, sich als Schnellläufer zu verdingen. Da er aber hoffen durfte, dass der König dieser Stadt solche Dienste am besten bezahle, so erfragte er den Palast. Unter dem Tor des Palastes stand eine Wache, die ihn fragte, was er hier zu suchen habe. Auf seine Antwort, dass er einen Dienst suche, wies man ihn zum Aufseher der Sklaven. Diesem trug er sein Anliegen vor und bat ihn, ihm einen Dienst unter den königlichen Boten zu besorgen. Der Aufseher maß ihn mit seinen Augen von Kopf bis zu den Füßen und sprach: »Wie, mit deinen Füßlein, die kaum so lang als eine Spanne sind, willst du königlicher Schnellläufer werden? Hebe dich weg, ich bin nicht dazu da, mit jedem Narren Kurzweil zu machen.« Der kleine Muck versicherte ihn aber, dass es ihm vollkommen Ernst sei mit seinem Antrag und dass er es mit dem Schnellsten auf eine Wette ankommen lassen wollte. Dem Aufseher kam die Sache gar lächerlich vor; er befahl ihm, sich bis auf den Abend zu einem Wettlauf bereitzuhalten, führte ihn in die Küche und sorgte dafür, dass ihm gehörig Speis und Trank gereicht wurde; er selbst aber begab sich zum König und erzählte ihm vom kleinen Muck und seinem Anerbieten. Der König war ein lustiger Herr, daher gefiel es ihm wohl, dass der Aufseher der Sklaven den kleinen Menschen zu einem

Spaß behalten habe, er befahl ihm, auf einer großen Wiese hinter dem Schloss Anstalten zu treffen, dass das Wettlaufen mit Bequemlichkeit von seinem ganzen Hofstaat könnte gesehen werden, und empfahl ihm nochmals große Sorgfalt für den Zwerg zu haben. Der König erzählte seinen Prinzen und Prinzessinnen, was sie diesen Abend für ein Schauspiel haben werden, diese erzählten es wieder ihren Dienern, und als der Abend herankam, war man in gespannter Erwartung, und alles, was Füße hatte, strömte hinaus auf die Wiese, wo Gerüste aufgeschlagen waren, um den großsprecherischen Zwerg laufen zu sehen.

Als der König und seine Söhne und Töchter auf dem Gerüst Platz genommen hatten, trat der kleine Muck heraus auf die Wiese, und machte vor den hohen Herrschaften eine überaus zierliche Verbeugung. Ein allgemeines Freudengeschrei ertönte, als man den Kleinen ansichtig wurde; eine solche Figur hatte man dort noch nie gesehen. Das Körperlein mit dem mächtigen Kopf, das Mäntelein und die weiten Beinkleider, der lange Dolch in dem breiten Gürtel, die kleinen Füßlein in den weiten Pantoffeln – nein! Es war zu drollig anzusehen, als dass man nicht hätte laut lachen sollen. Der kleine Muck ließ sich aber durch das Gelächter nicht irremachen; er stellte sich stolz, auf sein Stöcklein gestützt, hin und erwartete seinen Gegner. Der Aufseher der Sklaven hatte, nach Mucks eigenem Wunsche, den besten Läufer ausgesucht; dieser trat nun heraus, stellte sich neben den Kleinen, und beide harrten auf das Zeichen. Da winkte die Prinzessin A m a r z a, wie es ausgemacht war, mit ihrem Schleier, und wie zwei Pfeile auf dasselbe Ziel abgeschossen, flogen die beiden Wettläufer über die Wiese hin.

Von Anfang hatte Mucks Gegner einen bedeutenden Vor-

sprung, aber dieser jagte ihm auf seinem Pantoffel-Fuhr-
werk nach, holte ihn ein, überfing ihn, und stand längst am
Ziele, als jener noch, nach Luft schnappend, daherlief. Verwunderung und Staunen fesselte einige Augenblicke die
Zuschauer, als aber der König zuerst in die Hände klatschte,
da jauchzte die Menge, und alle riefen: »Hoch lebe der kleine Muck, der Sieger im Wettlauf!«

Man hatte indes den kleinen Muck herbeigebracht, er
warf sich vor dem König nieder und sprach: »Großmäch-
tigster König, ich habe dir hier nur eine kleine Probe meiner
Kunst gegeben, wolle nur gestatten, dass man mir eine Stelle unter deinen Läufern gebe«; der König aber antwortete
ihm: »Nein, du sollst mein Leibläufer und immer um meine
Person sein, lieber Muck, jährlich sollst du hundert Goldstücke erhalten als Lohn, und an der Tafel meiner ersten
Diener sollst du speisen.«

So glaubte denn Muck, endlich das Glück gefunden zu
haben, das er so lange suchte, und war fröhlich und wohl-
gemut in seinem Herzen. Auch erfreute er sich der besonderen Gnade des Königes, denn dieser gebrauchte ihn zu
seinen schnellsten und geheimsten Sendungen, die er dann
mit der größten Genauigkeit und mit unbegreiflicher
Schnelle besorgte.

Aber die übrigen Diener des Königes waren ihm gar nicht
zugetan, weil sie sich ungern durch einen Zwerg, der nichts
verstand, als schnell zu laufen, in der Gunst ihres Herren zu-
rückgesetzt sahen. Sie veranstalteten daher manche Ver-
schwörung gegen ihn, um ihn zu stürzen, aber alle schlugen
fehl an dem großen Zutrauen, das der König in seinen geheimen Oberleibläufer (denn zu dieser Würde hatte er es in
so kurzer Zeit gebracht) setzte.

Muck, dem diese Bewegungen gegen ihn nicht entgingen, sann nicht auf Rache, dazu hatte er ein zu gutes Herz, nein, auf Mittel dachte er, sich bei seinen Feinden notwendig und beliebt zu machen. Da fiel ihm sein Stäblein, das er in seinem Glück außer Acht gelassen hatte, ein; wenn er Schätze finde, dachte er, werden ihm die Herren schon geneigter werden. Er hatte schon oft gehört, dass der Vater des jetzigen Königs viele seiner Schätze vergraben habe, als der Feind sein Land überfallen, man sagte auch, er sei darüber gestorben, ohne dass er sein Geheimnis habe seinem Sohn mitteilen können. Von nun an nahm Muck immer sein Stöcklein mit, in der Hoffnung, einmal an einem Ort vorüberzugehen, wo das Gold des alten Königs vergraben sei. Eines Abends führte ihn der Zufall in einen entlegenen Teil des Schlossgartens, den er wenig besuchte, und plötzlich fühlt er das Stäblein in seiner Hand zucken, und dreimal schlug es gegen den Boden. Nun wusste er schon, was dies zu bedeuten hatte. Er zog daher seinen Dolch heraus, machte Zeichen in die umstehenden Bäume und schlich sich wieder in das Schloss; dort verschaffte er sich einen Spaten, und wartete die Nacht zu seinem Unternehmen ab.

Das Schatzgraben selbst machte übrigens dem kleinen Muck mehr zu schaffen, als er geglaubt hatte.

Seine Arme waren gar schwach, sein Spaten aber groß und schwer; und er mochte wohl schon zwei Stunden gearbeitet haben, ehe er ein paar Fuß tief gegraben hatte. Endlich stieß er auf etwas Hartes, das wie Eisen klang. Er grub jetzt emsiger, und bald hatte er einen großen eisernen Deckel zutage gefördert; er stieg selbst in die Grube hinab, um nachzuspähen, was wohl der Deckel könnte bedeckt haben, und fand richtig einen großen Topf mit Goldstücken angefüllt. Aber seine schwachen Kräfte reichten nicht hin, den Topf zu heben, daher steckte er in seine Beinkleider und seinen Gürtel, so viel er zu tragen vermochte, und auch sein Mäntelein füllte er damit, bedeckte das Übrige wieder sorgfältig und lud es auf den Rücken. Aber wahrlich, wenn er die Pantoffel nicht an den Füßen gehabt hätte, er wäre nicht vom Fleck gekommen, so zog ihn die Last des Goldes nieder. Doch unbemerkt kam er bis auf sein Zimmer und verwahrte dort sein Gold unter den Polstern seines Sofas.

Als der kleine Muck sich im Besitz so vielen Goldes sah, glaubte er, das Blatt werde sich jetzt wenden, und er werde sich unter seinen Feinden am Hofe viele Gönner und warme Anhänger erwerben. Aber schon daran konnte man erkennen, dass der gute Muck keine gar sorgfältige Erziehung genossen haben musste, sonst hätte er sich wohl nicht einbilden können, durch Gold wahre Freunde zu gewinnen. Ach! dass er damals seine Pantoffel geschmiert, und sich mit seinem Mäntelein voll Gold aus dem Staub gemacht hätte!

Das Gold, das der kleine Muck von jetzt an mit vollen Händen austeilte, erweckte den Neid der übrigen Hofbedienten. Der Küchenmeister Ahuli sagte: »Er ist ein Falschmünzer«, der Sklavenaufseher Achmet sagte: »Er hat's dem König abgeschwatzt«, Archaz der Schatzmeister aber, sein ärgster Feind, der selbst hie und da einen Griff in des Königs Kasse tun mochte, sagte geradezu: »Er hat's gestohlen.« Um nun ihrer Sache gewiss zu sein, verabredeten sie sich, und der Obermundschenk Korchuz stellte sich eines Tages recht traurig und niedergeschlagen vor den Augen des Königs. Er machte seine traurigen Gebärden so auffallend, dass ihn der König fragte, was ihm fehle. »Ach!«, antwortete er, »ich bin traurig, dass ich die Gnade meines Herrn verloren habe.«

»Was fabelst du, Freund Korchuz«, entgegnete ihm der König, »seit wann hätte ich die Sonne meiner Gnade nicht über dich leuchten lassen?« Der Obermundschenk antwortete ihm, dass er ja den geheimen Oberleibläufer mit Gold belade, seinen armen treuen Dienern aber nichts gebe.

Der König war sehr erstaunt über diese Nachricht, ließ sich die Goldausteilungen des kleinen Muck erzählen, und die Verschworenen brachten ihm leicht den Verdacht bei, dass Muck auf irgendeine Art das Geld aus der Schatzkammer gestohlen habe. Sehr lieb war diese Wendung der Sache dem Schatzmeister, der ohnehin nicht gerne Rechnung ablegte. Der König gab daher den Befehl, heimlich auf alle Schritte des kleinen Muck achtzugeben, um ihn womöglich auf der Tat zu ertappen. Als nun in der Nacht, die auf diesen Unglückstag folgte, der kleine Muck, da er durch seine Freigebigkeit seine Kasse sehr erschöpft sah, den Spaten nahm und in den Schlossgarten schlich, um dort von seinem geheimen Schatze neuen Vorrat zu holen, folgten ihm von weitem die Wachen, von dem Küchenmeister Ahuli und Archaz, dem Schatzmeister, angeführt, und in dem Augenblick, da er das Gold aus dem Topf in sein Mäntelein legen wollte, fielen sie über ihn her, banden ihn, und führten ihn sogleich vor den König. Dieser, den ohnehin die Unterbrechung seines Schlafes mürrisch gemacht hatte, empfing seinen armen Geheimen Oberleibläufer sehr ungnädig und stellte sogleich das Verhör über ihn an. Man hatte den Topf vollends aus der Erde gegraben, und mit dem Spaten und dem Mäntelein voll Gold vor die Füße des Königs gesetzt. Der Schatzmeister sagte aus, dass er mit seinen Wachen den Muck überrascht habe, wie er diesen Topf mit Gold gerade in die Erde gegraben habe.

Der König befragte hierauf den Angeklagten, ob es wahr sei, und woher er das Gold, das er vergraben, bekommen habe.

Der kleine Muck, im Gefühl seiner Unschuld, sagte aus, dass er diesen Topf im Garten entdeckt habe, dass er ihn habe nicht e i n -, sondern a u s graben wollen.

Alle Anwesenden lachten laut über diese Entschuldigung, der König aber, aufs Höchste erzürnt über die vermeintliche Frechheit des Kleinen, rief aus: »Wie, Elender! Du willst deinen König so dumm und schändlich belügen, nachdem du ihn bestohlen hast? Schatzmeister Archaz! Ich fordre dich auf, zu sagen, ob du diese Summe Goldes für die nämliche erkennst, die in meinem Schatze fehlt?«

Der Schatzmeister aber antwortete: Er sei seiner Sache ganz gewiss, so viel und noch mehr fehle seit einiger Zeit in dem königlichen Schatz, und er könnte einen Eid darauf ablegen, dass dies das Gestohlene sei.

Da befahl der König, den kleinen Muck in enge Ketten zu legen und in den Turm zu führen, dem Schatzmeister aber übergab er das Gold um es wieder in den Schatz zu tragen. Vergnügt über den glücklichen Ausgang der Sache, zog dieser ab und zählte zu Hause die blinkenden Goldstücke; aber das hat dieser schlechte Mann niemals angezeigt, dass unten in dem Topf ein Zettel lag, der sagte:

»Der Feind hat mein Land überschwemmt, daher verberge ich hier einen Teil meiner Schätze; wer es auch finden mag, den treffe der Fluch seines Königs, wenn er es nicht sogleich meinem Sohne ausliefert. –

König Sadi.«

Der kleine Muck stellte in seinem Kerker traurige Betrachtungen an; er wusste, dass auf Diebstahl an königlichen Sachen der Tod gesetzt war; und doch mochte er das Geheimnis mit dem Stäbchen dem König nicht verraten, weil er mit Recht fürchtete, dieses und seiner Pantoffel beraubt zu werden. Seine Pantoffel konnten ihm, leider! auch keine Hülfe bringen, denn da er in engen Ketten an die Mauer geschlossen war, konnte er, sosehr er sich quälte, sich nicht auf dem Absatz umdrehen. Als ihm aber am andern Tage sein Tod angekündigt wurde, da gedachte er doch, es sei besser, ohne das Zauberstäbchen zu leben, als mit ihm zu sterben, ließ den König um geheimes Gehör bitten und entdeckte ihm das Geheimnis. Der König maß von Anfang seinem Geständnis keinen Glauben bei; aber der kleine Muck versprach eine Probe, wenn ihm der König zugestünde, dass er nicht getötet werden solle. Der König gab ihm sein Wort darauf und ließ, von Muck ungesehen, einiges Gold in die Erde graben und befahl diesem mit seinem Stäbchen zu suchen. In wenigen Augenblicken hatte er es gefunden: denn das Stäbchen schlug deutlich dreimal auf die Erde. Da merkte der König, dass ihn sein Schatzmeister betrogen hatte, und sandte ihm, wie es im Morgenland gebräuchlich ist, eine seidene Schnur, damit er sich selbst erdrossle. Zum kleinen Muck aber sprach er: »Ich habe dir zwar dein Leben versprochen, aber es scheint mir, als ob du nicht nur allein dieses Geheimnis mit dem Stäbchen besitzest; darum bleibst du in ewiger Gefangenschaft, wenn du nicht gestehst, was für eine Bewandtnis es mit deinem Schnelllaufen hat.« Der kleine Muck, dem die einzige Nacht im Turm alle Lust zu längerer Gefangenschaft benommen hatte, bekannte, dass seine ganze Kunst in den Pantoffeln liege, doch lehrte er den König nicht das Geheimnis von dem dreimaligen Umdrehen auf dem Absatz. Der König schlüpfte selbst in die Pantoffel, um die Probe zu machen, und jagte wie unsinnig im Garten umher; oft wollte er anhalten, aber er wusste nicht, wie man die Pantoffel zum Stehen brachte, und der kleine Muck, der diese kleine Rache sich nicht versagen konnte, ließ ihn laufen, bis er ohnmächtig niederfiel.

Als der König wieder zur Besinnung zurückgekehrt war, war er schrecklich aufgebracht über den kleinen Muck, der ihn so ganz außer Atem hatte laufen lassen: »Ich habe dir mein Wort gegeben, dir Freiheit und Leben zu schenken, aber innerhalb zwölf Stunden musst du mein Land verlassen haben, sonst lasse ich dich aufknüpfen.« Die Pantoffel und das Stäbchen aber ließ er in seine Schatzkammer legen.

So arm als je wanderte der kleine Muck zum Land hinaus, seine Torheit verwünschend, die ihm vorgespiegelt hatte, er könne eine bedeutende Rolle am Hofe spielen. Das Land, aus dem er gejagt wurde, war zum Glück nicht groß, daher war er schon nach acht Stunden auf der Grenze, obgleich ihm das Gehen, da er an seine lieben Pantoffel gewöhnt war, sehr sauer ankam.

Als er über der Grenze war, verließ er die gewöhnliche Straße, um die dichteste Einöde der Wälder aufzusuchen und dort nur sich zu leben, denn er war allen Menschen gram. In einem dichten Walde traf er auf einen Platz, der ihm zu dem Entschluss, den er gefasst hatte, ganz tauglich schien. Ein klarer Bach, von großen schattigen Feigenbäumen umgeben, ein weicher Rasen luden ihn ein, hier warf er sich nieder, mit dem Entschluss, keine Speise mehr zu sich zu nehmen, sondern hier den Tod zu erwarten. Über traurige Todesbetrachtungen schlief er ein, als er aber wieder aufwachte und der Hunger ihn zu quälen anfing, bedachte er doch, dass der Hungertod eine gefährliche Sache sei, und sah sich um, ob er nirgends etwas zu essen bekommen könnte.

Köstliche reife Feigen hingen an dem Baume, unter welchem er geschlafen hatte, er stieg hinauf, um sich einige zu pflücken, ließ es sich trefflich schmecken und ging dann hinunter an den Bach, um seinen Durst zu löschen. Aber wie groß war sein Schrecken, als ihm das Wasser seinen Kopf mit zwei gewaltigen Ohren und einer dicken langen Nase geschmückt zeigte! Bestürzt griff er mit den Händen nach den Ohren, und wirklich, sie waren über eine halbe Elle lang.

»Ich verdiene Eselsohren!«, rief er aus, »denn ich habe mein Glück wie ein Esel mit Füßen getreten.« – Er wanderte nun unter den Bäumen umher, und als er wieder Hunger fühlte, musste er noch einmal zu den Feigen seine Zuflucht nehmen, denn sonst fand er nichts Essbares an den Bäumen. Als ihm über der zweiten Portion Feigen einfiel, ob wohl seine Ohren nicht unter seinem großen Turban Platz hätten, damit er doch nicht gar zu lächerlich aussehe, fühlte er, dass seine Ohren verschwunden seien. Er lief gleich an den Bach zurück, um sich davon zu überzeugen, und wirklich, es war so, seine Ohren hatten ihre vorige Gestalt, seine lange unförmliche Nase war nicht mehr. Jetzt merkte er aber, wie dies gekommen war; von dem ersten Feigenbaum hatte er die lange Nase und Ohren bekommen, der zweite hatte ihn geheilt; freudig erkannte er, dass sein gütiges Geschick ihm noch einmal ein Mittel in die Hand gebe, glücklich zu sein. Er pflückte daher von jedem Baum so viel er tragen konnte und ging in das Land zurück, das er vor kurzem verlassen hatte. Dort machte er sich in dem ersten Städtchen durch andere Kleider ganz unkenntlich und ging dann weiter auf die Stadt zu, die jener König bewohnte, und kam auch bald dort an.

Es war gerade zu einer Jahrszeit, wo reife Früchte noch ziemlich selten waren; der kleine Muck setzte sich daher unter das Tor des Palastes, denn ihm war von früherer Zeit her wohlbekannt, dass hier solche Seltenheiten von dem Küchenmeister für die königliche Tafel eingekauft wurden. Muck hatte noch nicht lange gesessen, als er den Küchenmeister über den Hof herüberschreiten sah. Er musterte die Waren der Verkäufer, die sich am Tor des Palastes eingefunden hatten, endlich fiel sein Blick auch auf Mucks Körbchen. »Ah! Ein seltener Bissen«, sagte er, »der Ihro Majestät gewiss behagen wird; was willst du für den ganzen Korb?« Der kleine Muck bestimmte einen mäßigen Preis, und sie waren bald des Handels einig. Der Küchenmeister übergab den Korb einem Sklaven, und ging weiter; der kleine Muck aber machte sich einstweilen aus dem Staub, weil er befürchtete, wenn sich das Unglück an den Köpfen des Hofes zeige, möchte man ihn als Verkäufer aufsuchen und bestrafen.

Der König war über Tisch sehr heiter gestimmt und sagte seinem Küchenmeister einmal über das andere Lobsprüche wegen seiner guten Küche und der Sorgfalt, mit der er immer das Seltenste für ihn aussuche; der Küchenmeister aber, welcher wohl wusste, welchen Leckerbissen er noch im Hintergrund habe, schmunzelte gar freundlich und ließ nur einzelne Worte fallen, als: »Es ist erst noch nicht aller Tage Abend«, oder: »Ende gut, alles gut«, so, dass die Prinzessinnen sehr neugierig wurden, was er wohl noch bringen werde. Als er aber die schönen einladenden Feigen aufsetzen ließ, da entfloh ein allgemeines Ah! dem Munde der Anwesenden. »Wie reif, wie appetitlich!«, rief der König, »Küchenmeister, du bist ein ganzer Kerl und verdienst unsere ganz besondere Gnade!« Also sprechend teilte der König, der mit solchen Leckerbissen sehr sparsam zu sein pflegte, mit eigener Hand die Feigen an seiner Tafel aus. Jeder Prinz und jede Prinzessin bekam zwei, die Hofdamen und die Wesire und Agas eine, die Übrigen stellte er vor sich hin und begann mit großem Behagen, sie zu verschlingen.

»Aber lieber Gott, wie siehst du so wunderlich aus, Vater«, rief auf einmal die Prinzessin A m a r z a. Alle sehen den König erstaunt an, ungeheure Ohren hingen ihm am Kopf, eine lange Nase zog sich über sein Kinn herunter; auch sich selbst betrachteten sie untereinander mit Staunen und Schrecken, alle waren mehr oder minder mit dem sonderbaren Kopfputz geschmückt.

Man denke sich den Schrecken des Hofes! Man schickte sogleich nach allen Ärzten der Stadt, sie kamen haufenweise, verordneten Pillen und Mixturen, aber die Ohren und die Nasen blieben. Man operierte einen der Prinzen, aber die Ohren wuchsen nach.

Muck hatte die ganze Geschichte in seinem Versteck, wohin er sich zurückgezogen hatte, gehört und erkannte, dass es jetzt Zeit sei, zu handeln. Er hatte sich schon vorher von dem aus den Feigen gelösten Geld einen Anzug verschafft, der ihn als Gelehrten darstellen konnte; ein langer Bart aus Ziegenhaaren vollendete die Täuschung. Mit einem Säckchen voll Feigen wanderte er in den Palast des Königs und bot als fremder Arzt seine Hülfe an. Man war von Anfang sehr ungläubig, als aber der kleine Muck eine Feige einem der Prinzen zu essen gab und Ohren und Nase dadurch in den alten Zustand zurückbrachte, da wollte alles von dem fremden Arzt geheilt sein. Aber der König nahm ihn schweigend bei der Hand und führte ihn in sein Gemach; dort schloss er eine Türe auf, die in die Schatzkammer führte, und winkte Muck, ihm zu folgen. »Hier sind meine Schätze«, sprach der König, »wähle dir was es auch sei, es soll dir gewährt werden, wenn du mich von diesem schmachvollen Übel befreist«; das war süße Musik in des kleinen Mucks Ohren; er hatte gleich beim Eintritt seine Pantoffel auf dem Boden stehen sehen, gleich daneben lag auch sein Stäbchen. Er ging nun umher in dem Saal, wie wenn er die Schätze des Königs bewundern wollte; kaum aber war er an seine Pantoffel gekommen, so schlüpfte er eilends hinein, ergriff sein Stäbchen, riss seinen falschen Bart herab und zeigte dem erstaunten König das wohlbekannte Gesicht seines verstoßenen Mucks. »Treuloser König«, sprach er, »der du treue Dienste mit Undank lohnst, nimm als wohlverdiente Strafe die Missgestalt, die du trägst. Die Ohren lass ich dir zurück, damit sie dich täglich erinnern an den kleinen Muck.« Als er so gesprochen hatte, drehte er sich schnell auf dem Absatz herum, wünschte sich weit hinweg, und ehe noch der König um Hülfe rufen konnte, war der kleine Muck entflohen. Seitdem lebt der Kleine hier in großem Wohlstand, aber einsam, denn er verachtet die Menschen. Er ist durch Erfahrung ein weiser Mann geworden, welcher, wenn auch sein Äußeres etwas Auffallendes haben mag, deine Bewunderung mehr als deinen Spott verdient.

So erzählte mir mein Vater; ich bezeugte ihm meine Reue über mein rohes Betragen gegen den guten kleinen Mann, und mein Vater schenkte mir die andere Hälfte der Strafe, die er mir zugedacht hatte. Ich erzählte meinen Kameraden die wunderbaren Schicksale des Kleinen, und wir gewannen ihn so lieb, dass ihn keiner mehr schimpfte. Im Gegenteil, wir ehrten ihn, solange er lebte, und haben uns vor ihm immer so tief als vor Kadi und Mufti gebückt. –

Der Zwerg Nase

Herr! Diejenigen tun sehr unrecht, welche glauben, es habe nur zu Zeiten Haruns Al-Raschid, des Beherrschers von Bagdad, Feen und Zauberer gegeben, oder die gar behaupten, jene Berichte von dem Treiben der Genien und ihrer Fürsten, welche man von den Erzählern auf den Märkten der Stadt hört, seien unwahr. Noch heute gibt es Feen, und es ist nicht so lange her, dass ich selbst Zeuge einer Begebenheit war, wo offenbar die Genien im Spiel waren, wie ich Euch berichten werde.

In einer bedeutenden Stadt meines lieben Vaterlandes, Deutschlands, lebte vor vielen Jahren ein Schuster mit seiner Frau, schlicht und recht. Er saß bei Tag an der Ecke der Straße und flickte Schuhe und Pantoffel, und machte wohl auch neue, wenn ihm einer welche anvertrauen mochte; doch musste er dann das Leder erst einkaufen, denn er war arm und hatte keine Vorräte. Seine Frau verkaufte Gemüse und Früchte, die sie in einem kleinen Gärtchen vor dem Tore pflanzte, und viele Leute kauften gerne bei ihr, weil sie reinlich und sauber gekleidet war und ihr Gemüse auf gefällige Art auszubreiten und zu legen wusste.

Die beiden Leutchen hatten einen schönen Knaben, angenehm von Gesicht, wohlgestaltet und für das Alter von acht Jahren schon ziemlich groß. Er pflegte gewöhnlich bei der Mutter auf dem Gemüsemarkt zu sitzen, und den Weibern oder Köchen, die viel bei der Schustersfrau eingekauft hatten, trug er wohl auch einen Teil der Früchte nach Hause, und selten kam er von einem solchen Gang zurück ohne eine schöne Blume oder ein Stückchen Geld oder Kuchen; denn die Herrschaften dieser Köche sahen es gerne, wenn man den schönen Knaben mit nach Hause brachte, und beschenkten ihn immer reichlich.

Eines Tages saß die Frau des Schusters wieder wie gewöhnlich auf dem Markte, sie hatte vor sich einige Körbe mit Kohl und anderem Gemüse, allerlei Kräuter und Sämereien, auch in einem kleineren Körbchen frühe Birnen, Äpfel und Aprikosen. Der kleine Jakob, so hieß der Knabe, saß neben ihr und rief mit heller Stimme die Waren aus: »Hierher, ihr Herren, seht, welch schöner Kohl, wie wohlriechend diese Kräuter; frühe Birnen, ihr Frauen, frühe Äpfel und Aprikosen, wer kauft? Meine Mutter gibt es wohlfeil!« So rief der Knabe. Da kam ein altes Weib über den Markt her; sie sah etwas zerrissen und zerlumpt aus, hatte ein kleines spitziges Gesicht, vom Alter ganz eingefurcht, rote Augen und eine spitzige, gebogene Nase, die gegen das Kinn hinabstrebte; sie ging an einem langen Stock, und doch konnte man nicht sagen, wie sie ging; denn sie hinkte und rutschte und wankte, es war, als habe sie Räder in den Beinen und könne alle Augenblicke umstülpen und mit der spitzigen Nase aufs Pflaster fallen.

Die Frau des Schusters betrachtete dieses Weib aufmerksam. Es waren jetzt doch schon sechzehn Jahre, dass sie täglich auf dem Markte saß, und nie hatte sie diese sonderbare Gestalt bemerkt. Aber sie erschrak unwillkürlich, als die Alte auf sie zuhinkte und an ihren Körben stillstand.

»Seid Ihr Hanne, die Gemüsehändlerin?«, fragte das alte Weib mit unangenehmer, krächzender Stimme, indem sie beständig den Kopf hin und her schüttelte.

»Ja, die bin ich«, antwortete die Schustersfrau; »ist Euch etwas gefällig?«

»Wollen sehen, wollen sehen! Kräutlein schauen, Kräutlein schauen; ob du hast, was ich brauche?«, antwortete die Alte, beugte sich nieder vor den Körben und fuhr mit ein Paar dunkelbraunen, hässlichen Händen in den Kräuterkorb hinein, packte die Kräutlein, die so schön und zierlich ausgebreitet waren, mit ihren langen Spinnenfingern, brachte sie dann eines um das andere hinauf an die lange Nase und beroch sie hin und her. Der Frau des Schusters wollte es fast das Herz abdrücken, wie sie das alte Weib also mit ihren seltenen Kräutern hantieren sah; aber sie wagte nichts zu sagen; denn es war das Recht des Käufers, die Ware zu prüfen, und überdies empfand sie ein sonderbares Grauen vor dem Weibe. Als jene den ganzen Korb durchgemustert hatte, murmelte sie: »Schlechtes Zeug, schlechtes Kraut, nichts von allem, was ich will, war viel besser vor fünfzig Jahren; schlechtes Zeug! Schlechtes Zeug!«

Solche Reden verdrossen nun den kleinen Jakob. »Höre, du bist ein unverschämtes, altes Weib«, rief er unmutig, »erst fährst du mit deinen garstigen braunen Fingern in die schönen Kräuter hinein und drückst sie zusammen, dann hältst du sie an deine lange Nase, dass sie niemand mehr kaufen mag, wer zugesehen, und jetzt schimpfst du noch unsere Ware schlechtes Zeug, und doch kauft selbst der Koch des Herzogs alles bei uns!«

Das alte Weib schielte den mutigen Knaben an, lachte widerlich und sprach mit heiserer Stimme: »Söhnchen, Söhnchen! Also gefällt dir meine Nase, meine schöne lange Nase, sollst auch eine haben, mitten im Gesicht bis übers Kinn herab.« Während sie so sprach, rutschte sie an den anderen

Korb, in welchem Kohl ausgelegt war. Sie nahm die herr-
lichsten, weißen Kohlhäupter in die Hand, drückte sie zusammen, dass sie ächzten, warf sie dann wieder unordent-
lich in den Korb und sprach auch hier: »Schlechte Ware,
schlechter Kohl!«

»Wackle nur nicht so garstig mit dem Kopf hin und her«,
rief der Kleine ängstlich, »dein Hals ist ja so dünne wie ein
Kohlstängel, der könnte leicht abbrechen, und dann fiele
dein Kopf hinein in den Korb; wer wollte dann noch kaufen!«

»Gefallen sie dir nicht, die dünnen Hälse?«, murmelte
die Alte lachend. »Sollst gar keinen haben, Kopf muss in
den Schultern stecken, dass er nicht herabfällt vom kleinen
Körperlein.«

»Schwatzt doch nicht so unnützes Zeug mit dem Kleinen
da«, sagte endlich die Frau des Schusters, im Unmut über
das lange Prüfen, Mustern und Beriechen, »wenn Ihr etwas
kaufen wollt, so spudet Euch, Ihr verscheucht mir ja die andern Kunden.«

»Gut, es sei, wie du sagst«, rief die Alte mit grimmigem
Blick, »ich will dir diese sechs Kohlhäupter abkaufen; aber
siehe, ich muss mich auf den Stab stützen und kann nichts
tragen, erlaube deinem Söhnlein, dass es mir die Ware nach
Hause bringt, ich will es dafür belohnen.«

Der Kleine wollte nicht mitgehen und weinte; denn ihm
graute vor der hässlichen Frau, aber die Mutter befahl es
ihm ernstlich, weil sie es doch für eine Sünde hielt, der alten schwächlichen Frau diese Last allein aufzubürden; halb
weinend tat er, wie sie befohlen, raffte die Kohlhäupter in
ein Tuch zusammen und folgte dem alten Weibe über den
Markt hin.

Es ging nicht sehr schnell bei ihr, und sie brauchte beinahe drei viertel Stunden, bis sie in einen ganz entlegenen Teil der Stadt kam und endlich vor einem kleinen baufälligen Hause stillhielt. Dort zog sie einen alten, rostigen Haken aus der Tasche, fuhr damit geschickt in ein kleines Loch in der Türe, und plötzlich sprang diese krachend auf. Aber wie war der kleine Jakob überrascht, als er eintrat! Das Innere des Hauses war prachtvoll ausgeschmückt, von Marmor war die Decke und die Wände, die Gerätschaften vom schönsten Ebenholz, mit Gold und geschliffenen Steinen eingelegt, der Boden aber war von Glas und so glatt, dass der Kleine einige Mal ausgleitete und umfiel. Die Alte aber zog ein silbernes Pfeifchen aus der Tasche und pfiff eine Weise darauf, die gellend durch das Haus tönte. Da kamen sogleich einige Meerschweinchen die Treppe herab; dem Jakob wollte es aber ganz sonderbar dünken, dass sie aufrecht auf zwei Beinen gingen, Nussschalen statt Schuhen an den Pfoten trugen, menschliche Kleider angelegt und sogar Hüte nach der neuesten Mode auf die Köpfe gesetzt hatten. »Wo habt ihr meine Pantoffeln, schlechtes Gesindel?«, rief die Alte und schlug mit dem Stock nach ihnen, dass sie jammernd in die Höhe sprangen; »wie lange soll ich noch so dastehen?«

Sie sprangen schnell die Treppe hinauf, und kamen wieder mit ein Paar Schalen von Kokosnuss mit Leder gefüttert, welche sie der Alten geschickt an die Füße steckten.

Jetzt war alles Hinken und Rutschen vorbei. Sie warf den Stab von sich und gleitete mit großer Schnelligkeit über den Glasboden hin, indem sie den kleinen Jakob an der Hand mit fortzog. Endlich hielt sie in einem Zimmer stille, das mit allerlei Gerätschaften ausgeputzt, beinahe einer Küche glich, obgleich die Tische von Mahagoniholz und die Sofas, mit reichen Teppichen behängt, mehr zu einem Prunkgemach passten. »Setze dich, Söhnchen«, sagte die Alte recht freundlich, indem sie ihn in die Ecke eines Sofas drückte und einen Tisch also vor ihn hinstellte, dass er nicht mehr hervorkommen konnte. »Setze dich, du hast gar schwer zu tragen gehabt, die Menschenköpfe sind nicht so leicht, nicht so leicht.«

»Aber Frau, was sprechet Ihr so wunderlich«, rief der Kleine, »müde bin ich zwar, aber es waren ja Kohlköpfe, die ich getragen, Ihr habt sie meiner Mutter abgekauft.«

»Ei, das weißt du falsch«, lachte das Weib, deckte den Deckel des Korbes auf und brachte einen Menschenkopf hervor, den sie am Schopf gefasst hatte. Der Kleine war vor Schrecken außer sich; er konnte nicht fassen, wie dies alles zuging, aber er dachte an seine Mutter; »wenn jemand von diesen Menschenköpfen etwas erfahren würde«, dachte er bei sich, »da würde man gewiss meine Mutter dafür anklagen«.

»Muss dir nun auch etwas geben zum Lohn, dass du so artig bist«, murmelte die Alte, »gedulde dich nur ein Weilchen, will dir ein Süppchen einbrocken, an das du dein Leben lang denken wirst.« So sprach sie und pfiff wieder. Da kamen zuerst viele Meerschweinchen in menschlichen Kleidern; sie hatten Küchenschürzen umgebunden, und im Gürtel Rührlöffel und Tranchiermesser, nach diesen kam eine Menge Eichhörnchen hereingehüpft; sie hatten weite türkische Beinkleider an, gingen aufrecht, und auf dem Kopf trugen sie grüne Mützchen von Samt. Diese schienen die Küchenjungen zu sein; denn sie kletterten mit großer Geschwindigkeit an den Wänden hinauf und brachten Pfannen und Schüsseln, Eier und Butter, Kräuter und Mehl herab und trugen es auf den Herd; dort aber fuhr die alte Frau auf ihren Pantoffeln von Kokosschalen beständig hin und her, und der Kleine sah, dass sie es sich recht angelegen sein lasse, ihm etwas Gutes zu kochen. Jetzt knisterte das Feuer höher empor, jetzt rauchte und sott es in der Pfanne, ein angenehmer Geruch verbreitete sich im Zimmer, die Alte aber rannte auf und ab, die Eichhörnchen und Meerschweine ihr nach, und sooft sie am Herde vorbeikam, guckte sie mit ihrer langen Nase in den Topf. Endlich fing es an zu sprudeln und zu zischen, Dampf stieg aus dem Topf hervor, und der Schaum floss herab ins Feuer. Da nahm sie ihn weg, goss davon in eine silberne Schale und setzte sie dem kleinen Jakob vor.

»So, Söhnchen, so«, sprach sie, »iss nur dieses Süppchen, dann hast du alles, was dir an mir so gefallen. Sollst auch ein geschickter Koch werden, dass du doch etwas bist, aber Kräutlein, nein das Kräutlein sollst du nimmer finden, warum hat es deine Mutter nicht in ihrem Korb gehabt?« Der Kleine verstand nicht recht, was sie sprach, desto aufmerksamer behandelte er die Suppe, die ihm ganz trefflich schmeckte. Seine Mutter hatte ihm manche schmackhafte Speise bereitet, aber so gut war ihm noch nichts geworden. Der Duft von feinen Kräutern und Gewürzen stieg aus der Suppe auf, dabei war sie süß und säuerlich zugleich und sehr stark. Während er noch die letzten Tropfen der köstlichen Speise austrank, zündeten die Meerschweinchen arabischen Weihrauch an, der in bläulichen Wolken durch das Zimmer schwebte, dichter und immer dichter wurden diese Wolken und sanken herab, der Geruch des Weihrauches wirkte betäubend auf den Kleinen, er mochte sich zurufen, sooft er wollte, dass er zu seiner Mutter zurückkehren müsse; wenn er sich ermannte, sank er immer wieder von neuem in den Schlummer zurück und schlief endlich wirklich auf dem Sofa des alten Weibes ein.

Sonderbare Träume kamen über ihn. Es war ihm, als ziehe ihm die Alte seine Kleider aus und umhülle ihn dafür mit einem Eichhörnchensbalg. Jetzt konnte er Sprünge machen und klettern wie ein Eichhörnchen; er ging mit den übrigen Eichhörnchen und Meerschweinen, die sehr artige, gesittete Leute waren, um und hatte mit ihnen den Dienst bei der alten Frau. Zuerst wurde er nur zu den Diensten eines Schuhputzers gebraucht, d. h., er musste die Kokosnüsse, welche die Frau statt der Pantoffeln trug, mit Öl salben und durch Reiben glänzend machen. Da er nun in seines Vaters Hause zu ähnlichen Geschäften oft angehalten worden war, so ging es ihm flink von der Hand; etwa nach einem Jahre, träumte er weiter, wurde er zu einem feineren Geschäft gebraucht; er musste nämlich mit noch einigen Eichhörnchen Sonnenstäubchen fangen, und wenn sie genug hatten, solche durch das feinste Haarsieb sieben. Die Frau hielt nämlich die Sonnenstäubchen für das Allerfeinste, und weil sie nicht gut beißen konnte, denn sie hatte keinen Zahn mehr, so ließ sie sich ihr Brot aus Sonnenstäubchen zubereiten.

Wiederum nach einem Jahr wurde er zu den Dienern versetzt, die das Trinkwasser für die Alte sammelten. Man denke nicht, dass sie sich hiezu etwa eine Zisterne hätte graben lassen oder ein Fass in den Hof stellte, um das Regenwasser darin aufzufangen; da ging es viel feiner zu; die Eichhörnchen, und Jakob mit ihnen, mussten mit Haselnussschalen den Tau aus den Rosen schöpfen, und das war das Trinkwasser der Alten. Da sie nun bedeutend viel trank, so hatten die Wasserträger schwere Arbeit. Nach einem

Jahr wurde er zum inneren Dienst des Hauses bestellt; er hatte nämlich das Amt, die Böden rein zu machen; da nun diese von Glas waren, worin man jeden Hauch sah, war es keine geringe Arbeit. Sie mussten sie bürsten und altes Tuch an die Füße schnallen, und auf diesem künstlich im Zimmer umherfahren. Im vierten Jahr ward er endlich zur Küche versetzt. Es war dies ein Ehrenamt, zu welchem man nur nach langer Prüfung gelangen konnte. Jakob diente dort vom Küchenjungen aufwärts bis zum ersten Pastetenmacher und erreichte eine so ungemeine Geschicklichkeit und Erfahrung in allem, was die Küche betrifft, dass er sich oft über sich selbst wundern musste; die schwierigsten Sachen, Pasteten von zweihunderterlei Essenzen, Kräutersuppen von allen Kräutlein der Erde zusammengesetzt, alles lernte er, alles verstand er schnell und kräftig zu machen.

So waren etwa sieben Jahre im Dienste des alten Weibes vergangen, da befahl sie ihm eines Tages, indem sie die Kokosschuhe auszog, Korb und Krückenstock zur Hand nahm, um auszugehen, er solle ein Hühnlein rupfen, mit Kräutern füllen und solches schön bräunlich und gelb rösten, bis sie wiederkäme. Er tat dies nach den Regeln der Kunst. Er drehte dem Hühnlein den Kragen um, brühte es in heißem Wasser, zog ihm geschickt die Federn aus, schabte ihm nachher die Haut, dass sie glatt und fein wurde, und nahm ihm die Eingeweide heraus. Sodann fing er an, die Kräuter zu sammeln, womit er das Hühnlein füllen sollte. In der Kräuterkammer gewahrte er aber diesmal ein Wandschränkchen, dessen Türe halb geöffnet war und das er sonst nie bemerkt hatte. Er ging neugierig näher, um zu sehen, was es enthalte, und siehe da, es standen viele Körbchen darinnen, von welchen ein starker, angenehmer Geruch ausging. Er öffnete eines dieser Körbchen und fand darin Kräutlein von ganz besonderer Gestalt und Farbe. Die Stängel und Blätter waren blaugrün, und trugen oben eine kleine Blume von brennendem Rot mit Gelb verbrämt; er betrachtete sinnend diese Blume, beroch sie, und sie strömte denselben starken Geruch aus, von dem einst jene Suppe, die ihm die Alte gekocht, geduftet hatte. Aber so stark war der Geruch, dass er zu niesen anfing, immer heftiger niesen musste und – am Ende niesend erwachte.

Da lag er auf dem Sofa des alten Weibes und blickte verwundert umher. »Nein, wie man aber so lebhaft träumen kann!«, sprach er zu sich; »hätte ich jetzt doch schwören wollen, dass ich ein schnödes Eichhörnchen, ein Kamerade von Meerschweinen und anderem Ungeziefer, dabei aber ein großer Koch geworden sei. Wie wird die Mutter lachen, wenn ich ihr alles erzähle! Aber wird sie nicht auch schmälen, dass ich in einem fremden Hause einschlafe, statt ihr zu helfen auf dem Markte?« Mit diesem Gedanken raffte er sich auf, um hinwegzugehen; noch waren seine Glieder vom Schlafe ganz steif; besonders sein Nacken, denn er konnte den Kopf nicht recht hin und her bewegen; er musste auch selbst über sich lächeln, dass er so schlaftrunken war, denn alle Augenblicke, ehe er es sich versah, stieß er mit der Nase an einen Schrank oder an die Wand oder schlug sie, wenn er sich schnell umwandte, an einen Türpfosten. Die Eichhörnchen und Meerschweinchen liefen winselnd um ihn her, als wollten sie ihn begleiten, er lud sie auch wirklich ein, als er auf der Schwelle war, denn es waren niedliche Tierchen, aber sie fuhren auf ihren Nussschalen schnell ins Haus zurück, und er hörte sie nur noch in der Ferne heulen.

Es war ein ziemlich entlegener Teil der Stadt, wohin ihn die Alte geführt hatte, und er konnte sich kaum aus den engen Gassen herausfinden, auch war dort ein großes Gedränge; denn es musste sich, wie ihm dünkte, gerade in der Nähe ein Zwerg sehen lassen; überall hörte er rufen: »Ei, sehet den hässlichen Zwerg! Wo kommt der Zwerg her? Ei, was hat er doch für eine lange Nase, und wie ihm der Kopf in den Schultern steckt, und die braunen, hässlichen Hände!« Zu einer andern Zeit wäre er wohl auch nachgelaufen, denn er sah für sein Leben gern Riesen oder Zwerge oder seltsame, fremde Trachten, aber so musste er sich spuden, um zur Mutter zu kommen.

Es war ihm ganz ängstlich zumut, als er auf den Markt kam. Die Mutter saß noch da und hatte noch ziemlich viele Früchte im Korb, lange konnte er also nicht geschlafen haben, aber doch kam es ihm von weitem schon vor, als sei sie sehr traurig; denn sie rief die Vorübergehenden nicht an, einzukaufen, sondern hatte den Kopf in die Hand gestützt, und als er näher kam, glaubte er auch, sie sei bleicher als sonst. Er zauderte, was er tun sollte; endlich fasste er sich ein Herz, schlich sich hinter sie hin, legte traulich seine Hand auf ihren Arm und sprach: »Mütterchen, was fehlt dir? Bist du böse auf mich?«

Die Frau wandte sich um nach ihm, fuhr aber mit einem Schrei des Entsetzens zurück: »Was willst du von mir, hässlicher Zwerg!«, rief sie, »fort, fort! Ich kann dergleichen Possenspiel nicht leiden.«

»Aber Mutter, was hast du denn?«, fragte Jakob ganz erschrocken; »dir ist gewiss nicht wohl; warum willst du denn deinen Sohn von dir jagen?«

»Ich habe dir schon gesagt, gehe deines Weges!«, entgegnete Frau Hanne zürnend. »Bei mir verdienst du kein Geld durch deine Gaukeleien, hässliche Missgeburt.«

»Wahrhaftig, Gott hat ihr das Licht des Verstandes geraubt«, sprach der Kleine bekümmert zu sich; »was fange ich nur an, um sie nach Haus zu bringen? Lieb Mütterchen, so sei doch nur vernünftig; sieh mich doch nur recht an; ich bin ja dein Sohn, dein Jakob.«

»Nein, jetzt wird mir der Spaß zu unverschämt«, rief Hanne ihrer Nachbarin zu, »seht nur den hässlichen Zwerg da, da steht er und vertreibt mir gewiss alle Käufer, und mit meinem Unglück wagt er zu spotten. Spricht zu mir: ich bin ja dein Sohn, dein Jakob, der Unverschämte!«

Da erhoben sich die Nachbarinnen und fingen an zu schimpfen, so arg sie konnten, und Marktweiber, wisset ihr wohl, verstehen es, und schalten ihn, dass er des Unglückes der armen Hanne spotte, der vor sieben Jahren ihr bildschöner Knabe gestohlen worden sei, und drohten insgesamt über ihn herzufallen und ihn zu zerkratzen, wenn er nicht alsobald ginge.

Der arme Jakob wusste nicht, was er von diesem allem denken sollte. War er doch, wie er glaubte, heute frühe, wie gewöhnlich, mit der Mutter auf den Markt gegangen, hatte ihr die Früchte aufstellen helfen, war nachher mit dem alten Weib in ihr Haus gekommen, hatte ein Süppchen verzehrt, ein kleines Schläfchen gemacht und war jetzt wieder da; und doch sprachen die Mutter und die Nachbarinnen von sieben Jahren! Und sie nannten ihn einen garstigen Zwerg! Was war denn nun mit ihm vorgegangen? – Als er sah, dass die Mutter gar nichts mehr von ihm hören wollte, traten ihm die Tränen in die Augen, und er ging traurend die Straße hinab nach der Bude, wo sein Vater den Tag über Schuhe flickte. »Ich will doch sehen«, dachte er bei sich, »ob er mich auch nicht kennen will; unter die Türe will ich mich stellen und mit ihm sprechen.« Als er an der Bude des Schusters angekommen war, stellte er sich unter die Türe und schaute hinein. Der Meister war so emsig mit seiner Arbeit beschäftigt, dass er ihn gar nicht sah; als er aber einmal zufällig einen Blick nach der Türe warf, ließ er Schuhe, Draht und Pfriem auf die Erde fallen und rief mit Entsetzen: »Um Gottes willen, was ist das, was ist das!«

»Guten Abend, Meister!«, sprach der Kleine, indem er vollends in den Laden trat, »wie geht es Euch?«

»Schlecht, schlecht, kleiner Herr!«, antwortete der Vater zu Jakobs großer Verwunderung; denn er schien ihn auch nicht zu kennen. »Das Geschäft will mir nicht recht von der Hand. Bin so allein und werde jetzt alt, und doch ist mir ein Geselle zu teuer.«

»Aber habt Ihr denn kein Söhnlein, das Euch nach und nach an die Hand gehen könnte bei der Arbeit?«, forschte der Kleine weiter.

»Ich hatte einen, er hieß Jakob und müsste jetzt ein schlanker, gewandter Bursche von zwanzig Jahren sein, der mir tüchtig unter die Arme greifen könnte. Ha! das müsste ein Leben sein; schon als er zwölf Jahre alt war, zeigte er sich so anstellig und geschickt und verstand schon manches vom Handwerk, und hübsch und angenehm war er auch, der hätte mir eine Kundschaft hergelockt, dass ich bald nicht mehr geflickt, sondern nichts als Neues geliefert hätte! Aber so geht's in der Welt.«

»Wo ist denn aber Euer Sohn?«, fragte Jakob mit zitternder Stimme seinen Vater.

»Das weiß Gott«, antwortete er; »vor sieben Jahren, ja so

lange ist's jetzt her, wurde er uns vom Markt weggestohlen.«

»Vor s i e b e n Jahren?!«, rief Jakob mit Entsetzen.

»Ja, kleiner Herr, vor sieben Jahren; ich weiß noch wie heute, wie mein Weib nach Hause kam, heulend und schreiend, das Kind sei den ganzen Tag nicht zurückgekommen, sie habe überall geforscht und gesucht und es nicht gefunden. Ich habe es immer gedacht und gesagt, dass es so kommen würde, der Jakob war ein schönes Kind, das muss man sagen, da war nun meine Frau stolz auf ihn und sah es gerne, wenn ihn die Leute lobten, und schickte ihn oft mit Gemüse und dergleichen in vornehme Häuser. Das war schon recht; er wurde allemal reichlich beschenkt; aber, sagte ich, gib Acht! Die Stadt ist groß; viele schlechte Leute wohnen da, gib mir auf den Jakob Acht! Und so war es, wie ich sagte. Kommt einmal ein altes, hässliches Weib auf den Markt, feilscht um Früchte und Gemüse und kauft am Ende so viel, dass sie es nicht selbst tragen kann. Mein Weib, die mitleidige Seele, gibt ihr den Jungen mit und – hat ihn zur Stunde nicht mehr gesehen.«

»Und das ist jetzt sieben Jahre, sagt Ihr?«

»Sieben Jahre wird es im Frühling. Wir ließen ihn ausrufen, wir gingen von Haus zu Haus und fragten; manche hatten den hübschen Jungen gekannt und liebgewonnen, und suchten jetzt mit uns, alles vergeblich. Auch die Frau, welche das Gemüse gekauft hatte, wollte niemand kennen; aber ein steinaltes Weib, die schon neunzig Jahre gelebt hatte, sagte, es könne wohl die böse Fee Kräuterweis gewesen sein, die alle fünfzig Jahre einmal in die Stadt komme, um sich allerlei einzukaufen.«

So sprach Jakobs Vater und klopfte dabei seine Schuhe

weidlich, und zog den Draht mit beiden Fäusten weit hinaus. Dem Kleinen aber wurde es nach und nach klar, was mit ihm vorgegangen, dass er nämlich nicht geträumt, sondern dass er sieben Jahre bei der bösen Fee als Eichhörnchen gedient habe. Zorn und Gram erfüllte sein Herz so sehr, dass es beinahe zersprengen wollte. Sieben Jahre seiner Jugend hatte ihm die Alte gestohlen, und was hatte er für Ersatz dafür? Dass er Pantoffeln von Kokosnüssen blank putzen, dass er ein Zimmer mit gläsernem Fußboden rein machen konnte? Dass er von den Meerschweinchen alle Geheimnisse der Küche gelernt hatte? Er stand eine gute Weile so da und dachte über sein Schicksal nach, da fragte ihn endlich sein Vater: »Ist Euch vielleicht etwas von meiner Arbeit gefällig, junger Herr? Etwa ein Paar neue Pantoffel, oder«, setzte er lächelnd hinzu, »vielleicht ein Futteral für Eure Nase?«

»Was wollt Ihr nur mit meiner Nase?«, sagte Jakob, »warum sollte ich denn ein Futteral dazu brauchen?«

»Nun«, entgegnete der Schuster, »jeder nach seinem Geschmack; aber das muss ich Euch sagen, hätte i c h diese schreckliche Nase, ein Futteral ließ' ich mir darüber machen von rosenfarbigem Glanzleder. Schaut, da habe ich ein schönes Stückchen zur Hand; freilich würde man eine Elle wenigstens dazu brauchen. Aber wie gut wäret Ihr verwahrt, kleiner Herr; so, weiß ich gewiss, stoßt Ihr Euch an jedem Türpfosten, an jedem Wagen, dem Ihr ausweichen wollet.«

Der Kleine stand stumm vor Schrecken; er betastete seine Nase, sie war dick und wohl zwei Hände lang! So hatte also die Alte auch seine Gestalt verwandelt! Darum kannte ihn also die Mutter nicht? Darum schalt man ihn einen hässlichen Zwerg?! »Meister!«, sprach er halb weinend zu dem Schuster, »habt Ihr keinen Spiegel bei der Hand, worin ich mich beschauen könnte?«

»Junger Herr«, erwiderte der Vater mit Ernst, »Ihr habt nicht gerade eine Gestalt empfangen, die Euch eitel machen könnte, und Ihr habt nicht Ursache, alle Stunden in den Spiegel zu gucken. Gewöhnt es Euch ab, es ist besonders bei Euch eine lächerliche Gewohnheit.«

»Ach, so lasst mich doch in den Spiegel schauen«, rief der Kleine, »gewiss, es ist nicht aus Eitelkeit!«

»Lasset mich in Ruhe, ich hab keinen im Vermögen; meine Frau hat ein Spiegelchen, ich weiß aber nicht, wo sie es verborgen. Müsst Ihr aber durchaus in den Spiegel gucken, nun, über der Straße hin wohnt Urban, der Barbier, der hat einen Spiegel, zweimal so groß als Euer Kopf; gucket dort hinein, und indessen guten Morgen.«

Mit diesen Worten schob ihn der Vater ganz gelinde zur Bude hinaus, schloss die Türe hinter ihm zu und setzte sich wieder zur Arbeit. Der Kleine aber ging sehr niedergeschlagen über die Straße zu Urban, dem Barbier, den er noch aus früheren Zeiten wohl kannte. »Guten Morgen, Urban«, sprach er zu ihm, »ich komme, Euch um eine Gefälligkeit zu bitten, seid so gut und lasset mich ein wenig in Euren Spiegel schauen.«

»Mit Vergnügen, dort steht er«, rief der Barbier lachend, und seine Kunden, denen er den Bart scheren sollte, lachten weidlich mit. »Ihr seid ein hübsches Bürschchen, schlank und fein, ein Hälschen wie ein Schwan, Händchen wie eine Königin, und ein Stumpfnäschen, man kann es nicht schöner sehen. Ein wenig eitel seid Ihr darauf, das ist wahr; aber beschauet Euch immer, man soll nicht von mir sagen, ich habe Euch aus Neid nicht in meinen Spiegel schauen lassen.«

So sprach der Barbier, und wieherndes Gelächter füllte die Baderstube. Der Kleine aber war indes vor den Spiegel getreten und hatte sich beschaut. Tränen traten ihm in die Augen. »Ja, so konntest du freilich deinen Jakob nicht wiedererkennen, liebe Mutter«, sprach er zu sich, »so war er nicht anzuschauen in den Tagen der Freude, wo du gerne mit ihm prangtest vor den Leuten!« Seine Augen waren klein geworden, wie die der Schweine, seine Nase war ungeheuer und hing über Mund und Kinn herunter, der Hals schien gänzlich weggenommen worden zu sein; denn sein Kopf stak tief in den Schultern, und nur mit den größten Schmerzen konnte er ihn rechts und links bewegen; sein Körper war noch so groß als vor sieben Jahren, da er zwölf Jahre alt war, aber wenn andere vom zwölften bis ins zwanzigste in die Höhe wachsen, so wuchs er in die Breite, der Rücken und die Brust waren weit ausgebogen und waren anzusehen wie ein kleiner, aber sehr dick gefüllter Sack; dieser dicke Oberleib saß auf kleinen, schwachen Beinchen, die dieser Last nicht gewachsen schienen, aber umso größer waren die Arme, die ihm am Leib herabhingen, sie hatten die Größe, wie die eines wohlgewachsenen Mannes, seine Hände waren grob und braungelb, seine Finger lang und spinnenartig, und wenn er sie recht ausstreckte, konnte er damit auf den Boden reichen, ohne dass er sich bückte. So sah er aus, der kleine Jakob, zum missgestalteten Zwerg war er geworden.

Jetzt gedachte er auch jenes Morgens, an welchem das alte Weib an die Körbe seiner Mutter getreten war. Alles was er damals an ihr getadelt hatte, die lange Nase, die hässlichen Finger, alles hatte sie ihm angetan, und nur den langen, zitternden Hals hatte sie gänzlich weggelassen.

»Nun, habt Ihr Euch jetzt genug beschaut, mein Prinz?«, sagte der Barbier, indem er zu ihm trat und ihn lachend betrachtete. »Wahrlich, wenn man sich dergleichen träumen lassen wollte, so komisch könnte es einem im Traume nicht vorkommen. Doch ich will Euch einen Vorschlag machen, kleiner Mann. Mein Barbierzimmer ist zwar sehr besucht, aber doch seit neuerer Zeit nicht so, wie ich wünsche. Das kommt daher, weil mein Nachbar, der Barbier Schaum, irgendwo einen Riesen aufgefunden hat, der ihm die Kunden ins Haus lockt. Nun, ein Riese zu werden ist gerade keine Kunst, aber so ein Männchen wie Ihr, ja, das ist schon ein ander Ding. Tretet bei mir in Dienste, kleiner Mann, Ihr sollt Wohnung, Essen, Trinken, Kleider, alles sollt Ihr haben; dafür stellt Ihr Euch morgens unter meine Türe und ladet die Leute ein hereinzukommen; Ihr schlaget den Seifenschaum, reichet den Kunden das Handtuch, und seid versichert, wir stehen uns beide gut dabei; ich bekomme mehr Kunden als jener mit dem Riesen, und jeder gibt Euch gerne noch ein Trinkgeld.«

Der Kleine war in seinem Innern empört über den Vorschlag, als Lockvogel für einen Barbier zu dienen. Aber musste er sich nicht diesen Schimpf geduldig gefallen lassen? Er sagte dem Barbier daher ganz ruhig, dass er nicht Zeit habe zu dergleichen Diensten, und ging weiter.

Hatte das böse alte Weib seine Gestalt unterdrückt, so hatte sie doch seinem Geist nichts anhaben können, das fühlte er wohl; denn er dachte und fühlte nicht mehr, wie er vor sieben Jahren getan, nein, er glaubte in diesem Zeitraum weiser, verständiger geworden zu sein; er trauerte nicht um seine verlorne Schönheit, nicht über diese hässliche Gestalt, sondern nur darüber, dass er wie ein Hund von der Türe seines Vaters gejagt werde. Darum beschloss er, noch einen Versuch bei seiner Mutter zu machen.

Er trat zu ihr auf den Markt und bat sie, ihm ruhig zuzuhören. Er erinnerte sie an jenen Tag, an welchem er mit dem alten Weibe gegangen, er erinnerte sie an alle einzelnen Vorfälle seiner Kindheit, erzählte ihr dann, wie er sieben Jahre als Eichhörnchen gedient habe, bei der Fee, und wie sie ihn verwandelte, weil er sie damals getadelt. Die Frau des Schusters wusste nicht, was sie denken sollte. Alles traf zu, was er ihr von seiner Kindheit erzählte, aber wenn er davon sprach, dass er sieben Jahre lang ein Eichhörnchen gewesen sei, da sprach sie: »Es ist unmöglich und es gibt keine Feen«, und wenn sie ihn ansah, so verabscheute sie den hässlichen Zwerg und glaubte nicht, dass dies ihr Sohn sein könne. Endlich hielt sie es fürs Beste, mit ihrem Mann darüber zu sprechen. Sie raffte also ihre Körbe zusammen und hieß ihn mitgehen. So kamen sie zu der Bude des Schusters.

»Sieh einmal«, sprach sie zu diesem, »der Mensch da will unser verlorner Jakob sein. Er hat mir alles erzählt, wie er uns vor sieben Jahren gestohlen wurde, und wie er von einer Fee bezaubert worden sei.« –

»So?«, unterbrach sie der Schuster mit Zorn; »Hat er dir dies erzählt? Warte, du Range! Ich habe ihm alles erzählt, noch vor einer Stunde, und jetzt geht er hin, dich so zu foppen! Bezaubert bist du worden, mein Söhnchen? Warte doch, ich will dich wieder entzaubern.« Dabei nahm er ein Bündel Riemen, die er eben zugeschnitten hatte, sprang auf den Kleinen zu, und schlug ihn auf den hohen Rücken und auf die langen Arme, dass der Kleine vor Schmerz aufschrie und weinend davonlief.

In jener Stadt gibt es, wie überall, wenige mitleidige Seelen, die einen Unglücklichen, der zugleich etwas Lächerliches an sich trägt, unterstützten. Daher kam es, dass der unglückliche Zwerg den ganzen Tag ohne Speise und Trank blieb, und abends die Treppen einer Kirche, so hart und kalt sie waren, zum Nachtlager wählen musste.

Als ihn aber am nächsten Morgen die ersten Strahlen der Sonne erweckten, da dachte er ernstlich darüber nach, wie er sein Leben fristen könne, da ihn Vater und Mutter verstoßen. Er fühlte sich zu stolz, um als Aushängeschild eines Barbiers zu dienen, er wollte nicht zu einem Possenreißer sich verdingen und sich um Geld sehen lassen; was sollte er anfangen? Da fiel ihm mit einem Mal bei, dass er als Eichhörnchen große Fortschritte in der Kochkunst gemacht habe; er glaubte nicht mit Unrecht, hoffen zu dürfen, dass er es mit manchem Koch aufnehmen könne; er beschloss, seine Kunst zu benützen.

Sobald es daher lebhafter wurde auf den Straßen und der Morgen ganz heraufgekommen war, trat er zuerst in die Kirche und verrichtete sein Gebet. Dann trat er seinen Weg an. Der Herzog, der Herr des Landes, o Herr! war ein bekannter Schlemmer und Lecker, der eine gute Tafel liebte und seine Köche in allen Weltteilen aufsuchte. Zu seinem Palast begab sich der Kleine. Als er an die äußerste Pforte kam, fragten die Türhüter nach seinem Begehr und hatten ihren Spott mit ihm; er aber verlangte nach dem Oberküchenmeister. Sie lachten und führten ihn durch die Vorhöfe, und wo er hinkam, blieben die Diener stehen, schauten nach ihm, lachten weidlich und schlossen sich an, so dass nach und nach ein ungeheurer Zug von Dienern aller Art sich die Treppe des Palastes hinaufbewegte; die Stallknechte warfen ihre Striegel weg, die Läufer liefen, was sie konnten, die Teppichbreiter vergaßen, die Teppiche auszuklopfen, alles drängte und trieb sich, es war ein Gewühl, als sei der Feind vor den Toren, und das Geschrei: »Ein Zwerg! Ein Zwerg! Habt ihr den Zwerg gesehen!«, füllte die Lüfte.

Da erschien der Aufseher des Hauses mit grimmigem Gesicht, eine ungeheure Peitsche in der Hand, in der Türe. »Um des Himmels willen, ihr Hunde, was macht ihr solchen Lärm! Wisset ihr nicht, dass der Herr noch schläft?« und dabei schwang er die Geißel und ließ sie unsanft auf den Rücken einiger Stallknechte und Türhüter niederfallen. »Ach Herr!«, riefen sie, »seht Ihr denn nicht? Da bringen wir einen Zwerg, einen Zwerg, wie Ihr noch keinen gesehen.« Der Aufseher des Palastes zwang sich mit Mühe, nicht laut aufzulachen, als er des Kleinen ansichtig wurde; denn er fürchtete, durch Lachen seiner Würde zu schaden. Er trieb daher mit der Peitsche die Übrigen hinweg, führte den Kleinen ins Haus und fragte nach seinem Begehr. Als er hörte, jener wolle zum Küchenmeister, erwiderte er: »Du irrst dich, mein Söhnchen, zu mir, dem Aufseher des Hauses, willst du; du willst Leibzwerg werden beim Herzog; ist es nicht also?«

»Nein, Herr!«, antwortete der Zwerg; »ich bin ein geschickter Koch und erfahren in allerlei seltenen Speisen; wollet mich zum Oberküchenmeister bringen; vielleicht kann er meine Kunst brauchen.«

»Jeder nach seinem Willen, kleiner Mann; übrigens bist du doch ein unbesonnener Junge. In die Küche! Als Leibzwerg hättest du keine Arbeit gehabt, und Essen und Trinken nach Herzenslust, und schöne Kleider. Doch, wir wollen sehen, deine Kunst wird schwerlich so weit reichen, als ein Mundkoch des Herren nötig hat, und zum Küchenjungen bist du zu gut.« Bei diesen Worten nahm ihn der Aufseher des Palastes bei der Hand, und führte ihn in die Gemächer des Oberküchenmeisters.

»Gnädiger Herr!«, sprach dort der Zwerg und verbeugte sich so tief, dass er mit der Nase den Fußteppich berührte; »brauchet Ihr keinen geschickten Koch?«

Der Oberküchenmeister betrachtete ihn vom Kopf bis zu den Füßen, brach dann in lautes Lachen aus und sprach: »Wie?«, rief er, »du ein Koch? Meinst du, unsere Herde seien so niedrig, dass du nur auf einen hinaufschauen kannst, wenn du dich auf die Zehen stellst und den Kopf recht aus den Schultern herausarbeitest? O, lieber Kleiner! Wer dich zu mir geschickt hat, um dich als Koch zu verdingen, der hat dich zum Narren gehabt.« So sprach der Oberküchenmeister und lachte weidlich, und mit ihm lachte der Aufseher des Palastes und alle Diener, die im Zimmer waren.

Der Zwerg aber ließ sich nicht aus der Fassung bringen. »Was liegt an einem Ei oder zweien, an ein wenig Sirup und Wein, an Mehl und Gewürze, in einem Hause, wo man dessen genug hat?«, sprach er. »Gebet mir irgendeine leckerhafte Speise zu bereiten auf, schaffet mir, was ich dazu brauche, und sie soll vor Euren Augen schnell bereitet sein, und Ihr sollet sagen müssen: Er ist ein Koch nach Regel und Recht.« Solche und ähnliche Reden führte der Kleine, und es war wunderlich anzuschauen, wie es dabei aus seinen kleinen Äuglein hervorblitzte, wie seine lange Nase sich hin und her schlängelte und seine dünnen Spinnenfinger seine Rede begleiteten. »Wohlan!«, rief der Küchenmeister und nahm den Aufseher des Palastes unter dem Arme, »wohlan, es sei um des Spaßes willen; lasset uns zur Küche gehen.« Sie gingen durch mehrere Säle und Gänge und kamen endlich in die Küche. Es war dies ein großes weitläufiges Gebäude, herrlich eingerichtet; auf zwanzig Herden brannten beständig Feuer, ein klares Wasser, das zugleich zum Fischebehälter diente, floss mitten durch sie, in Schränken von Marmor und köstlichem Holz waren die Vorräte aufgestellt, die man immer zur Hand haben musste, und zur Rechten und Linken waren zehen Säle, in welchen alles aufgespeichert war, was man in allen Ländern von Frankistan und selbst im Morgenlande Köstliches und Leckeres für den Gaumen erfunden. Küchenbedienten aller Art liefen umher und rasselten und hantierten mit Kesseln und Pfannen, mit Gabeln und Schaumlöffeln; als aber der Oberküchenmeister in die Küche eintrat, blieben sie alle regungslos stehen, und nur das Feuer hörte man noch knistern und das Bächlein rieseln.

»Was hat der Herr heute zum Frühstück befohlen?«, fragte der Meister den ersten Frühstückmacher, einen alten Koch.

»Herr! Die dänische Suppe hat er geruht zu befehlen, und rote Hamburger Klößchen.«

»Gut« sprach der Küchenmeister weiter, »hast du gehört, was der Herr speisen will? Getraust du dich, diese schwierigen Speisen zu bereiten? Die Klößchen bringst du auf keinen Fall heraus, das ist ein Geheimnis.«

»Nichts leichter als dies«, erwiderte zu allgemeinem Erstaunen der Zwerg; denn er hatte diese Speisen als Eichhörnchen oft gemacht, »nichts leichter, man gebe mir zu der Suppe die und die Kräuter, dies und jenes Gewürz, Fett von einem wilden Schwein, Wurzeln und Eier; zu den Klößchen aber«, sprach er leiser, dass es nur der Küchenmeister und der Frühstückmacher hören konnten, »zu den Klößchen brauche ich vielerlei Fleisch, etwas Wein, Entenschmalz, Ingwer und ein gewisses Kraut, das man Magentrost heißt.«

»Ha! Bei St. Benedikt! Bei welchem Zauberer hast du gelernt?«, rief der Koch mit Staunen; »alles bis auf ein Haar hat er gesagt, und das Kräutlein Magentrost haben wir selbst nicht gewusst; ja, das muss es noch angenehmer machen. O du Wunder von einem Koch!«

»Das hätte ich nicht gedacht«, sagte der Oberküchenmeister, »doch lassen wir ihn die Probe machen; gebt ihm die Sachen, die er verlangt, Geschirr und alles, und lasset ihn das Frühstück bereiten.«

Man tat, wie er befohlen, und rüstete alles auf dem Herde zu; aber da fand es sich, dass der Zwerg kaum mit der Nase bis an den Herd reichen konnte. Man setzte daher ein paar Stühle zusammen, legte eine Marmorplatte darüber, und lud den kleinen Wundermann ein, sein Kunststück zu beginnen. In einem großen Kreise standen die Köche, Küchenjungen, Diener und allerlei Volk umher und sahen zu und staunten, wie ihm alles so flink und fertig von der Hand ging, wie er alles so reinlich und niedlich bereitete. Als er mit der Zubereitung fertig war, befahl er, beide Schüsseln ans Feuer zu setzen und genau so lange kochen zu lassen, bis er rufen werde; dann fing er an zu zählen: eins, zwei, drei und so fort, und gerade, als er fünfhundert gezählt hatte, rief er »Halt!« Die Töpfe wurden weggesetzt, und der Kleine lud den Küchenmeister ein, zu kosten.

Der Mundkoch ließ sich von einem Küchenjungen einen goldenen Löffel reichen, spülte ihn im Bach und überreichte ihn dem Oberküchenmeister; dieser trat mit feierlicher

Miene an den Herd, nahm von den Speisen, kostete, drückte die Augen zu, schnalzte vor Vergnügen mit der Zunge und sprach dann: »Köstlich, bei des Herzogs Leben, köstlich! Wollet Ihr nicht auch ein Löffelein zu Euch nehmen, Aufseher des Palastes?« Dieser verbeugte sich, nahm den Löffel, versuchte und war vor Vergnügen und Lust außer sich. »Eure Kunst in Ehren, lieber Frühstückmacher, Ihr seid ein erfahrner Koch, aber so herrlich habt Ihr weder die Suppe noch die Hamburger Klöße machen können!« Auch der Koch versuchte jetzt, schüttelte dann dem Zwerg ehrfurchtsvoll die Hand und sagte: »Kleiner! Du bist Meister in der Kunst, ja das Kräutlein Magentrost, das gibt allem einen ganz eigenen Reiz.«

In diesem Augenblick kam der Kammerdiener des Herzogs in die Küche und berichtete, dass der Herr das Frühstück verlange. Die Speisen wurden nun auf silberne Platten gelegt und dem Herzog zugeschickt; der Oberküchenmeister aber nahm den Kleinen in sein Zimmer und unterhielt sich mit ihm. Kaum waren sie aber halb so lange da, als man ein Paternoster spricht (es ist dies das Gebet der Franken, o Herr, und dauert nicht halb so lange als das Gebet der Gläubigen), so kam schon ein Bote und rief den Oberküchenmeister zum Herrn. Er kleidete sich schnell in sein Festkleid und folgte dem Boten.

Der Herzog sah sehr vergnügt aus. Er hatte alles aufgezehrt, was auf den silbernen Platten gewesen war, und wischte sich eben den Bart ab, als der Oberküchenmeister zu ihm eintrat. »Höre, Küchenmeister«, sprach er, »ich bin mit deinen Köchen bisher immer sehr zufrieden gewesen; aber sage mir, wer hat heute mein Frühstück bereitet? So köstlich war es nie, seit ich auf dem Thron meiner Väter sitze; sage an, wie er heißt, der Koch, dass wir ihm einige Dukaten zum Geschenk schicken.«

»Herr! Das ist eine wunderbare Geschichte«, antwortete der Oberküchenmeister und erzählte, wie man ihm heute frühe einen Zwerg gebracht, der durchaus Koch werden wollte, und wie sich dies alles begeben. Der Herzog verwunderte sich höchlich, ließ den Zwerg vor sich rufen, und fragte ihn aus, wer er sei und woher er komme. Da konnte nun der arme Jakob freilich nicht sagen, dass er verzaubert worden sei und früher als Eichhörnchen gedient habe; doch blieb er bei der Wahrheit, indem er erzählte, er sei jetzt ohne Vater und Mutter und habe bei einer alten Frau kochen gelernt. Der Herzog fragte nicht weiter, sondern ergötzte sich an der sonderbaren Gestalt seines neuen Koches.

»Willst du bei mir bleiben«, sprach er, »so will ich dir jährlich fünfzig Dukaten, ein Festkleid und noch überdies zwei Paar Beinkleider reichen lassen. Dafür musst du aber täglich mein Frühstück selbst bereiten, musst angeben, wie das Mittagessen gemacht werden soll, und überhaupt dich meiner Küche annehmen. Da jeder in meinem Palast seinen eigenen Namen von mir empfängt, so sollst du N a s e heißen und die Würde eines Unterküchenmeisters bekleiden.«

Der Zwerg N a s e fiel nieder vor dem mächtigen Herzog in Frankenland, küsste ihm die Füße und versprach, ihm treu zu dienen.

So war nun der Kleine fürs Erste versorgt, und er machte seinem Amt Ehre; denn man kann sagen, dass der Herzog ein ganz anderer Mann war, während der Zwerg Nase sich in seinem Hause aufhielt. Sonst hatte es ihm oft beliebt, die Schüsseln oder Platten, die man ihm auftrug, den Köchen an den Kopf zu werfen; ja, dem Oberküchenmeister selbst warf er im Zorn einmal einen gebackenen Kalbsfuß, der nicht weich genug geworden war, so heftig an die Stirne, dass er umfiel und drei Tage zu Bette liegen musste. Der Herzog machte zwar, was er im Zorn getan, durch einige Hände voll Dukaten wieder gut, aber dennoch war nie ein Koch ohne Zittern und Zagen mit den Speisen zu ihm gekommen. Seit der Zwerg im Hause war, schien alles wie durch Zauber umgewandelt; der Herr aß jetzt statt dreimal des Tages fünfmal, um sich an der Kunst seines kleinsten Dieners recht zu laben, und dennoch verzog er nie eine Miene zum Unmut; nein, er fand alles neu, trefflich, war leutselig und angenehm und wurde von Tag zu Tag fetter.

Oft ließ er mitten unter der Tafel den Küchenmeister und den Zwerg Nase rufen, setzte den einen rechts, den andern links zu sich und schob ihnen mit seinen eigenen Fingern einige Bissen der köstlichen Speisen in den Mund, eine Gnade, welche sie beide wohl zu schätzen wussten.

Der Zwerg war das Wunder der Stadt. Man erbat sich flehentlich Erlaubnis vom Oberküchenmeister, den Zwerg kochen zu sehen, und einige der vornehmsten Männer hatten es so weit gebracht beim Herzog, dass ihre Diener in der Küche beim Zwerg Unterrichtsstunden genießen durften, was nicht wenig Geld eintrug; denn jeder zahlte täglich einen halben Dukaten. Und um die übrigen Köche bei guter Laune zu erhalten und sie nicht neidisch auf ihn zu machen, überließ ihnen Nase dieses Geld, das die Herren für den Unterricht ihrer Köche zahlen mussten.

So lebte Nase beinahe zwei Jahre in äußerlichem Wohlleben und Ehre, und nur der Gedanke an seine Eltern betrübte ihn; so lebte er, ohne etwas Merkwürdiges zu erfahren, bis sich folgender Vorfall ereignete. Der Zwerg Nase war besonders geschickt und glücklich in seinen Einkäufen. Daher ging er, so oft es ihm die Zeit erlaubte, immer selbst auf den Markt, um Geflügel und Früchte einzukaufen. Eines Morgens ging er auch auf den Gänsemarkt und forschte nach schweren fetten Gänsen, wie sie der Herr liebte. Er war musternd schon einige Mal auf und ab gegangen; seine Gestalt, weit entfernt, hier Lachen und Spott zu erregen, gebot Ehrfurcht; denn man erkannte ihn als den berühmten Mundkoch des Herzogs, und jede Gänsefrau fühlte sich glücklich, wenn er ihr die Nase zuwandte.

Da sah er ganz am Ende einer Reihe in einer Ecke eine Frau sitzen, die auch Gänse feil hatte, aber nicht wie die Übrigen ihre Ware anpries und nach Käufern schrie. Zu dieser trat er und maß und wog ihre Gänse. Sie waren, wie er sie wünschte, und er kaufte drei samt dem Käfigt, lud sie auf seine breite Schulter und trat den Rückweg an. Da kam es ihm sonderbar vor, dass nur zwei von diesen Gänsen schnatterten und schrien, wie rechte Gänse zu tun pflegen, die dritte aber ganz still und in sich gekehrt dasaß und Seufzer ausstieß und ächzte wie ein Mensch. »Die ist halb krank«, sprach er vor sich hin, »ich muss eilen, dass ich sie umbringe und zurichte.« Aber die Gans antwortete ganz deutlich und laut

»Stichst du mich,
So beiß ich dich;
Drückst du mir die Kehle ab,
Bring ich dich ins frühe Grab.«

Ganz erschrocken setzte der Zwerg Nase seinen Käfigt nieder, und die Gans sah ihn mit schönen, klugen Augen an und seufzte. »Ei der Tausend!«, rief Nase. »Sie kann sprechen, Jungfer Gans? Das hätte ich nicht gedacht. Na, sei Sie nur nicht ängstlich! Man weiß zu leben und wird einem so seltenen Vogel nicht zu Leibe gehen. Aber ich wollte wetten, Sie ist nicht von jeher in diesen Federn gewesen; war ich ja selbst einmal ein schnödes Eichhörnchen.«

»Du hast recht«, erwiderte die Gans, »wenn du sagst, ich sei nicht in dieser schmachvollen Hülle geboren worden. Ach, an meiner Wiege wurde es mir nicht gesungen, dass M i m i , des großen Wetterbocks Tochter, in der Küche eines Herzogs getötet werden soll!«

»Sei Sie doch ruhig, liebe Jungfer Mimi«, tröstete der Zwerg; »so wahr ich ein ehrlicher Kerl und Unterküchenmeister seiner Durchlaucht bin, es soll Ihr keiner an die Kehle. Ich will Ihr in meinen eigenen Gemächern einen Stall anweisen, Futter soll Sie genug haben, und meine freie Zeit werde ich Ihrer Unterhaltung widmen, den übrigen Küchenmenschen werde ich sagen, dass ich eine Gans mit allerlei besonderen Kräutern für den Herzog mäste, und sobald sich Gelegenheit findet, setze ich Sie in Freiheit.«

Die Gans dankte ihm mit Tränen, der Zwerg aber tat, wie er versprochen, schlachtete die zwei anderen Gänse, für Mimi aber baute er einen eigenen Stall unter dem Vorwande, sie für den Herzog ganz besonders zuzurichten. Er gab ihr auch kein gewöhnliches Gänsefutter, sondern versah sie mit Backwerk und süßen Speisen. Sooft er freie Zeit hatte, ging er hin, sich mit ihr zu unterhalten und sie zu trösten. Sie erzählten sich auch gegenseitig ihre Geschichten, und Nase erfuhr auf diesem Wege, dass die Gans eine Tochter des Zauberers Wetterbock sei, der auf der Insel Gotland lebe. Er sei in Streit geraten mit einer alten Fee, die ihn durch Ränke und List überwunden und sie zur Rache in eine Gans verwandelt und weit hinweg bis hieher gebracht habe. Als der Zwerg Nase ihr seine Geschichte ebenfalls erzählt hatte, sprach sie: »Ich bin nicht unerfahren in diesen Sachen; mein Vater hat mir und meinen Schwestern einige Anleitung gegeben, so viel er nämlich davon mitteilen durfte. Die Geschichte mit dem Streit am Kräuterkorb, deine plötzliche Verwandlung, als du an jenem Kräutlein rochst, auch einige Worte der Alten, die du mir sagtest, beweisen mir, dass du auf Kräuter bezaubert bist, das heißt: wenn du das Kraut auffindest, das sich die Fee bei deiner Verzauberung gedacht hat, so kannst du erlöst werden.« Es war dies ein geringer Trost für den Kleinen; denn wo sollte er das Kraut auffinden? Doch dankte er ihr und schöpfte einige Hoffnung.

Um diese Zeit bekam der Herzog einen Besuch von einem benachbarten Fürsten, seinem Freunde. Er ließ daher seinen Zwerg Nase vor sich kommen und sprach zu ihm: »Jetzt ist die Zeit gekommen, wo du zeigen musst, ob du mir treu dienst und Meister deiner Kunst bist. Dieser Fürst, der bei mir zu Besuch ist, speist bekanntlich, außer mir, am besten und ist ein großer Kenner einer feinen Küche und ein weiser Mann. Sorge nun dafür, dass meine Tafel täglich also besorgt werde, dass er immer mehr in Erstaunen gerät. Dabei darfst du, bei meiner Ungnade, solange er da ist, keine Speise zweimal bringen. Dafür kannst du dir von meinem Schatzmeister alles reichen lassen, was du nur brauchst; und wenn du Gold und Diamanten in Schmalz backen musst, so tu es; ich will lieber ein armer Mann werden, als erröten vor ihm.«

So sprach der Herzog; der Zwerg aber sagte, indem er sich anständig verbeugte: »Es sei, wie du sagst, o Herr! so es

Gott gefällt, werde ich alles so machen, dass es diesem Fürsten der Gutschmecker wohlgefällt.«

Der kleine Koch suchte nun seine ganze Kunst hervor. Er schonte die Schätze seines Herrn nicht, noch weniger aber sich selbst; denn man sah ihn den ganzen Tag in eine Wolke von Rauch und Feuer eingehüllt, und seine Stimme hallte beständig durch das Gewölbe der Küche; denn er befahl als Herrscher den Küchenjungen und niederen Köchen. Herr! Ich könnte es machen wie die Kameltreiber von Aleppo, wenn sie in ihren Geschichten, die sie den Reisenden erzählen, die Menschen herrlich speisen lassen. Sie führen eine ganze Stunde lang all die Gerichte an, die aufgetragen worden sind, und erwecken dadurch große Sehnsucht und noch größeren Hunger in ihren Zuhörern, so dass diese unwillkürlich die Vorräte öffnen und eine Mahlzeit halten und den Kameltreibern reichlich mitteilen; doch ich nicht also.

Der fremde Fürst war schon vierzehn Tage beim Herzog und lebte herrlich und in Freuden. Sie speisten des Tages nicht weniger als fünfmal, und der Herzog war zufrieden mit der Kunst des Zwerges; denn er sah Zufriedenheit auf der Stirne seines Gastes. Am fünfzehnten Tag aber begab es sich, dass der Herzog den Zwerg zur Tafel rufen ließ, ihn seinem Gast, dem Fürsten, vorstellte und diesen fragte, wie er mit dem Zwerg zufrieden sei.

»Du bist ein wunderbarer Koch«, antwortete der fremde Fürst, »und weißt, was anständig essen heißt. Du hast in der ganzen Zeit, dass ich hier bin, nicht eine einzige Speise wiederholt und alles trefflich bereitet; aber sage mir doch, warum bringst du so lange nicht die Königin der Speisen, die Pastete Souzeraine?«

Der Zwerg war sehr erschrocken; denn er hatte von dieser Pasteten-Königin nie gehört, doch fasste er sich und antwortete: »O Herr! Noch lange, hoffte ich, sollte dein Angesicht leuchten an diesem Hoflager, darum wartete ich mit dieser Speise; denn mit was sollte dich denn der Koch begrüßen am Tage des Scheidens, als mit der Königin der Pasteten?«

»So?«, entgegnete der Herzog lachend, »und bei mir wolltest du wohl warten bis an meinen Tod, um mich dann noch zu begrüßen; denn auch mir hast du die Pastete noch nie vorgesetzt. Doch denke auf einen andern Scheidegruß; denn morgen musst du die Pastete auf die Tafel setzen.«

»Es sei, wie du sagst, Herr!«, antwortete der Zwerg und ging. Aber er ging nicht vergnügt; denn der Tag seiner Schande und seines Unglücks war gekommen. Er wusste nicht, wie er die Pastete machen sollte. Er ging daher in seine Kammer und weinte über sein Schicksal. Da trat die Gans Mimi, die in seinem Gemach umhergehen durfte, zu ihm und fragte ihn nach der Ursache seines Jammers. »Stille deine Tränen«, antwortete sie, als sie von der Pastete Souzeraine gehört, »dieses Gericht kam oft auf meines Vaters Tisch, und ich weiß ungefähr, was man dazu braucht, du nimmst dies und jenes, soundso viel, und wenn es auch nicht durchaus alles ist, was eigentlich dazu nötig, die Herren werden keinen so feinen Geschmack haben.« So sprach Mimi; der Zwerg aber sprang auf vor Freuden, segnete den Tag, an welchem er die Gans gekauft hatte, und schickte sich an, die Königin der Pasteten zuzurichten. Er machte zuerst einen kleinen Versuch, und siehe, es schmeckte trefflich, und der Oberküchenmeister, dem er davon zu kosten gab, pries aufs Neue seine ausgebreitete Kunst.

Den andern Tag setzte er die Pastete in größerer Form auf und schickte sie, warm, wie sie aus dem Ofen kam, nachdem er sie mit Blumenkränzen geschmückt hatte, auf die Tafel; er selbst aber zog sein bestes Festkleid an und ging in den Speisesaal. Als er eintrat, war der Obervorschneider gerade damit beschäftigt, die Pastete zu zerschneiden und auf einem silbernen Schäufelein dem Herzog und seinem Gaste hinzureichen. Der Herzog tat einen tüchtigen Biss hinein, schlug die Augen auf zur Decke und sprach, nachdem er geschluckt hatte: »Ah! ah! ah! mit Recht nennt man dies die Königin der Pasteten, aber mein Zwerg ist auch der König aller Köche, nicht also, lieber Freund?«

Der Gast nahm einige kleine Bissen zu sich, kostete und prüfte aufmerksam und lächelte dabei höhnisch und geheimnisvoll. »Das Ding ist recht artig gemacht«, antwortete er, indem er den Teller hinwegrückte, »aber die Souzeraine ist es denn doch nicht ganz; das habe ich mir wohl gedacht.«

Da runzelte der Herzog vor Unmut die Stirne und errötete vor Beschämung: »Hund von einem Zwerg!«, rief er, »wie wagst du es, deinem Herrn dies anzutun? Soll ich dir deinen großen Kopf abhacken lassen, zur Strafe für deine schlechte Kocherei?«

»Ach Herr! Um des Himmels willen, ich habe das Gericht doch zubereitet nach den Regeln der Kunst, es kann gewiss nichts fehlen!«, so sprach der Zwerg und zitterte.

»Es ist eine Lüge, du Bube!«, erwiderte der Herzog und stieß ihn mit dem Fuße von sich, »mein Gast würde sonst nicht sagen, es fehlt etwas. Dich selbst will ich zerhacken und backen lassen in eine Pastete!«

»Habt Mitleiden!«, rief der Kleine und rutschte auf den Knien zu dem Gast, dessen Füße er umfasste; »saget, was fehlt an dieser Speise, dass sie Eurem Gaumen nicht zusagt? Lasset mich nicht sterben wegen einer Handvoll Fleisch und Mehl!«

»Das wird dir wenig helfen, mein lieber Nase«, antwortete der Fremde mit Lachen; »das habe ich mir schon gestern gedacht, dass du diese Speise nicht machen kannst wie mein Koch. Wisse, es fehlt ein Kräutlein, das man hierzulande gar nicht kennt, das Kraut Nießmitlust, ohne dieses bleibt die Pastete ohne Würze, und dein Herr wird sie nie essen wie ich.«

Da geriet der Herrscher in Frankistan in Wut. »Und doch werde ich sie essen«, rief er mit funkelnden Augen; »denn ich schwöre auf meine fürstliche Ehre, entweder zeige ich Euch morgen die Pastete, wie Ihr sie verlanget, oder – den Kopf dieses Burschen aufgespießt auf dem Tor meines Palastes. Gehe, du Hund, noch einmal geb ich dir vierundzwanzig Stunden Zeit.«

So rief der Herzog; der Zwerg aber ging wieder weinend in sein Kämmerlein und klagte der Gans sein Schicksal, und dass er sterben müsse; denn von dem Kraut habe er nie gehört. »Ist es nur dies«, sprach sie, »da kann ich dir schon helfen; denn mein Vater lehrte mich alle Kräuter kennen. Wohl wärest du vielleicht zu einer andern Zeit des Todes gewesen, aber glücklicherweise ist es gerade Neumond, und um diese Zeit blüht das Kräutlein. Doch, sage an, sind alte Kastanienbäume in der Nähe des Palastes?«

»O ja!«, erwiderte Nase mit leichterem Herzen; »am See, zweihundert Schritte vom Haus, steht eine ganze Gruppe; doch warum diese?«

»Nur am Fuße alter Kastanien blüht das Kräutlein«, sagte Mimi, »darum lass uns keine Zeit versäumen und suchen, was du brauchst; nimm mich auf deinen Arm und setze mich im Freien nieder; ich will dir suchen.«

Er tat, wie sie gesagt, und ging mit ihr zur Pforte des Palastes. Dort aber streckte der Türhüter sein Gewehr vor und sprach: »Mein guter Nase, mit dir ist's vorbei; aus dem Hause darfst du nicht, ich habe den strengsten Befehl darüber.«

»Aber in den Garten kann ich doch wohl gehen?«, erwiderte der Zwerg. »Sei so gut, und schicke einen deiner Gesellen zum Aufseher des Palastes und frage, ob ich nicht in den Garten gehen und Kräuter suchen dürfte?« Der Türhüter tat also, und es wurde erlaubt; denn der Garten hatte hohe Mauern, und es war an kein Entkommen daraus zu denken. Als aber Nase mit der Gans Mimi ins Freie gekommen war, setzte er sie behutsam nieder, und sie ging schnell vor ihm her dem See zu, wo die Kastanien standen. Er folgte ihr nur mit beklommenem Herzen; denn es war ja seine letzte, einzige Hoffnung; fand sie das Kräutlein nicht, so stand sein Entschluss fest, er stürzte sich dann lieber in den See, als dass er sich köpfen ließ. Die Gans suchte aber vergebens, sie wandelte unter allen Kastanien, sie wandte mit dem Schnabel jedes Gräschen um, es wollte sich nichts zeigen, und sie fing aus Mitleid und Angst an zu weinen; denn schon wurde der Abend dunkler, und die Gegenstände umher schwerer zu erkennen.

Da fielen die Blicke des Zwergs über den See hin, und plötzlich rief er: »Siehe, siehe, dort über dem See steht noch ein großer, alter Baum; lass uns dort hingehen und suchen, vielleicht blüht dort mein Glück.« Die Gans hüpfte und flog voran, und er lief nach, so schnell seine kleinen Beine konnten; der Kastanienbaum warf einen großen Schatten, und es war dunkel umher, fast war nichts mehr zu erkennen;

aber da blieb plötzlich die Gans stille stehen, schlug vor Freuden mit den Flügeln, fuhr dann schnell mit dem Kopf ins hohe Gras, und pflückte etwas ab, das sie dem erstaunten Nase zierlich mit dem Schnabel überreichte und sprach: »Das ist das Kräutlein, und hier wächst eine Menge davon, so dass es dir nie daran fehlen kann.«

Der Zwerg betrachtete das Kraut sinnend; ein süßer Duft strömte ihm daraus entgegen, der ihn unwillkürlich an die Szene seiner Verwandlung erinnerte; die Stängel, die Blätter waren bläulich-grün, sie trugen eine brennend rote Blume mit gelbem Rande.

»Gelobt sei Gott!«, rief er endlich aus; »welches Wunder! Wisse, ich glaube, es ist dies dasselbe Kraut, das mich aus einem Eichhörnchen in diese schändliche Gestalt umwandelte; soll ich den Versuch machen?«

»Noch nicht«, bat die Gans. »Nimm von diesem Kraut eine Handvoll mit dir, lass uns auf dein Zimmer gehen und dein Geld und was du sonst hast, zusammenraffen und dann wollen wir die Kraft des Krautes versuchen.«

Sie taten also und gingen auf seine Kammer zurück, und das Herz des Zwerges pochte hörbar vor Erwartung. Nachdem er fünfzig oder sechzig Dukaten, die er erspart hatte, einige Kleider und Schuhe zusammen in einen Bündel geknüpft hatte, sprach er: »So es Gott gefällig ist, werde ich dieser Bürde loswerden«, streckte seine Nase tief in die Kräuter und zog ihren Duft ein.

Da zog und knackte es in allen seinen Gliedern, er fühlte, wie sich sein Kopf aus den Schultern hob, er schielte herab auf seine Nase und sah sie kleiner und kleiner werden, sein Rücken und seine Brust fingen an, sich zu ebnen, und seine Beine wurden länger.

Die Gans sah mit Erstaunen diesem allem zu. »Ha! was du groß, was du schön bist!« rief sie, »Gott sei gedankt, es ist nichts mehr an dir von allem, wie du vorher warst!« Da freute sich Jakob sehr, und er faltete die Hände und betete. Aber seine Freude ließ ihn nicht vergessen, welchen Dank er der Gans Mimi schuldig sei; zwar drängte ihn sein Herz, zu seinen Eltern zu gehen, doch besiegte er aus Dankbarkeit diesen Wunsch und sprach: »Wem anders als dir habe ich es zu danken, dass ich mir selbst wiedergeschenkt bin? Ohne dich hätte ich dieses Kraut nimmer gefunden, hätte also ewig in jener Gestalt bleiben oder vielleicht gar unter dem Beile des Henkers sterben müssen. Wohlan, ich will es dir vergelten. Ich will dich zu deinem Vater bringen; er, der so erfahren ist in jedem Zauber, wird dich leicht entzaubern können!« Die Gans vergoss Freudentränen und nahm sein Anerbieten an. Jakob kam glücklich und unerkannt mit der Gans aus dem Palast und machte sich auf den Weg nach dem Meeresstrand, Mimis Heimat zu.

Was soll ich noch weiter erzählen, dass sie ihre Reise glücklich vollendeten, dass Wetterbock seine Tochter entzauberte und den Jakob mit Geschenken beladen entließ; dass er in seine Vaterstadt zurückkam, und dass seine Eltern in dem schönen jungen Mann mit Vergnügen ihren verlorenen Sohn erkannten, dass er von den Geschenken, die er von Wetterbock mitbrachte, sich einen Laden kaufte, und reich und glücklich wurde?

Nur so viel will ich noch sagen, dass nach seiner Entfernung aus dem Palast des Herzogs große Unruhe entstand; denn als am andern Tag der Herzog seinen Schwur erfüllen, und dem Zwerg, wenn er die Kräuter nicht gefunden hätte, den Kopf abschlagen lassen wollte, war er nirgends zu finden; der Fürst aber behauptete, der Herzog habe ihn heimlich entkommen lassen, um sich nicht seines besten Kochs zu berauben, und klagte ihn an, dass er wortbrüchig sei. Dadurch entstand denn ein großer Krieg zwischen beiden Fürsten, der in der Geschichte unter dem Namen »Kräuter-Krieg« wohlbekannt ist; es wurde manche Schlacht geschlagen, aber am Ende doch Friede gemacht, und diesen Frieden nennt man bei uns den »Pasteten-Frieden«, weil beim Versöhnungsfest durch den Koch des Fürsten die Souzeraine, die Königin der Pasteten, zubereitet wurde, welche sich der Herr Herzog trefflich schmecken ließ.

So führen oft die kleinsten Ursachen zu großen Folgen; und dies, o Herr, ist die Geschichte des Zwerges Nase.

Zu dieser Ausgabe

Die Texte der vorliegenden Ausgabe folgen den Erstdrucken:

Die Geschichte von dem kleinen Muck. In: Mährchen-Almanach auf das Jahr 1826, für Söhne und Töchter gebildeter Stände. Hrsg. von Wilhelm Hauff. 1. Jg. Stuttgart: Druck u. Verlag der J. B. Metzler'schen Buchhandlung, 1826.

Der Zwerg Nase. In: Mährchen-Almanach für Söhne und Töchter gebildeter Stände auf das Jahr 1827. Hrsg. von Wilhelm Hauff mit Kupfern. Stuttgart: Gebrüder Franckh, 1827.

Orthographie und Zeichensetzung wurde behutsam modernisiert; der originale Lautstand und grammatische Eigenheiten blieben gewahrt. Einige wenige offensichtliche Druckversehen wurden stillschweigend korrigiert.

Anmerkungen

7,1 *Nicea:* Nicäa: türkische Stadt, das heutige Iznik.

8,23 *Pantoffel:* hier Plural; daneben verwendet Hauff aber auch die heute geläufige Pluralform »Pantoffeln«.

16,10 *lupfte:* (süddt.) hob hoch.

19,2 *überfing:* überholte.

28,8 *Wesire:* Wesir: oberster, nur dem Sultan unterstellter Amtsträger im Osmanischen Reich, der die Regierungsgeschäfte führt.
Agas: Agha: Titel für hohe Offiziere.

30,5 *Kadi:* Richter in islamischen Ländern.
Mufti: Rechtsgelehrter des Islam.

33,2 *Haruns Al-Raschid:* Der abasidische Kalif Härün ar-Raschīd (um 766–809) herrschte von 786 bis 809. Seine Gerechtigkeitsliebe und sein ritterlicher Sinn leben in den Erzählungen von *Tausendundeiner Nacht* fort, einer arabischen Märchensammlung der ersten Hälfte des 10. Jahrhunderts.

33,4 *Genien:* Genius: beschützender, vor Unheil bewahrender Geist eines Menschen, eines Gemeinschaft, eines Ortes.

34,22 *umstülpen:* zu Boden fallen, umstürzen.

36,18 *spudet:* ältere Schreibung von: sputet.

40,6 *Eichhörnchensbalg:* Balg: Tierhaut.

42,16 f. *schmälen:* schelten, schimpfen.

45,8 *Pfriem:* Ahle; Werkzeug, mit dem Löcher in Leder, Pappe usw. gestochen werden.

49,2 *Baderstube:* Bader: Friseur.

51,24 *Range:* wilder Bengel, Schlingel, ungezogener Bube.

55,9 *Frankistan:* Land der Franken; orientalische Bezeichnung für Europa.

56,5 *Bei St. Benedikt:* der heilige Benedikt von Nursia galt als Schutzpatron gegen Zauberei.

57,20 *Paternoster:* (lat.) Vaterunser.

60,12 *feil hatte:* verkaufte.

60,15 *Käfigt:* alte Form von: Käfig.

63,9 *Aleppo:* Stadt im Norden Syriens.

63,31 *Souzeraine:* Wortspiel mit *Suzeränität:* Oberhoheit; gleichbe-

deutend mit Souveränität, von frz *suzerain* ›Oberhoheit, Ober-
herrschaft, Lehnsherr‹ abgeleitet.
66,8 *Nießmitlust:* Nieswurz, auch Christrose oder Schneerose. Der
Nieswurz taucht bereits in antiken Schriften als Heilpflanze auf,
die aber in größerer Dosis giftig ist.

Nachbemerkung

Obwohl der 1802 in Stuttgart geborene Wilhelm Hauff bereits 1827 an Typhus stirbt, kurz vor seinem 25. Geburtstag und wenige Tage nach der Geburt seiner Tochter Wilhelmine, hat er sich bereits einen bedeutenden Namen in der zeitgenössischen Literaturszene gemacht. Durch sein Studium im Tübinger Stift kommt er in Kontakt mit Justinus Kerner und Ludwig Uhland und wird Teil der sogenannten Schwäbischen Dichterschule. Mit 23 Jahren beginnt er, literarische Texte zu veröffentlichen, und erwirbt sich sofort einen Ruf als Autor von Novellen und Erzählungen und natürlich von Märchen – darunter die beiden in diesem Bändchen vorliegenden *Geschichte von dem kleinen Muck* und *Zwerg Nase*, aber auch *Das steinerne Herz* und viele andere.

Seine Märchen veröffentlicht Hauff in drei Jahrbüchern, dem *Märchen-Almanach auf das Jahr 1826 für Söhne und Töchter gebildeter Stände* (erschienen 1825) sowie zwei weiteren auf die Jahre 1827 und 1828. Die Zielgruppe, die Hauff bei diesen Bänden im Auge hat, sind »Mädchen oder Knaben von 12–15 Jahren«, wie Hauff an seinen Verleger schreibt. Um die Eltern zum Kauf anzuregen, konzipiert Hauff die Bände in edler Aufmachung, als Geschenkband mit Kupferstichen. Literatur speziell für Jugendliche ist ein Genre, das bereits in der Mitte des 18. Jahrhunderts aufkommt, zunächst eher in Form von didaktischen und nützlichen Texten, die der Erziehung dienen sollen, ab 1800 dann aber zunehmend mit phantasievollen und abenteuerlichen Geschichten.

Mit seinen Märchen trifft Hauff in doppelter Hinsicht

den Zeitgeist: Die Schriftsteller der Romantik, zu denen auch Hauff zählt, wenden sich bewusst traditionellen literarischen Gattungen wie der Ballade und dem Volksmärchen zu, um ein Gegengewicht zu den Genres zu schaffen, die sich die römische und griechische Antike zum Vorbild nehmen. Die Brüder Grimm, die bis dahin zum Teil nur mündlich überlieferte Volksmärchen sammeln und herausgeben, sind ein berühmtes Beispiel dafür. Daneben gibt es die neu entstandene Gattung der Kunstmärchen, die sich an die Volksmärchen anlehnen und von diesen sowie aus Sagen und Legenden märchenhafte Motive übernehmen. Bekannt sind hier zum Beispiel die Kunstmärchen von E. T. A. Hoffmann oder Hans Christian Andersen. Zwar sind Hauffs Kunstmärchen nicht so phantastisch wie die von Hoffmann, doch sie wirken märchenhafter, weil er viele von ihnen an orientalische Schauplätze verlegt. Damit setzt Hauff eine Forderung um, die der zeitgenössische Autor Jean Paul in einem Text zur Erziehung von Kindern und Jugendlichen formuliert (*Levana oder Erziehlehre*, § 125):

Wir sind hier der Frage über die Inhalt-Wahl der Kinder-Erzählungen so nahe, dass eine Antwort verstattet sein mag. Orientalische, romantische scheinen die angemessensten zu sein; viele Märchen aus 1001 Nacht-Geschichten, aus Herders Palmblättern und Krummachers Parabeln. Kinder sind kleine Morgenländer. Blendet sie mit einem weiten Morgenland, mit Taublitzen und Blumen-Farben. Setzt ihnen wenigstens im Erzählen die Schwingen an, die sie über unsere Nord-Klippen und Nord-Kaps wegführen in warme Gärten hinein.

Den Bedürfnissen der »kleinen Morgenländer« kommt Hauff in den ersten beiden Almanachen, aus denen auch *Die Geschichte von dem kleinen Muck* und *Der Zwerg Nase* stammen, bestens nach. Der kleine Muck lebt in Nicäa, trägt einen Turban und Pluderhosen, am Hof des Königs gibt es Wesire, und alle Namen klingen arabisch-orientalisch. Die Handlung des *Zwerg Nase* spielt zwar in Deutschland, allerdings wird in den ersten Absätzen bereits eine Verbindung zu orientalischen Schauplätzen hergestellt, indem von Harun Al-Rashid und Bagdad die Rede ist. Diese einleitende Bemerkung gehört zur Ebene der Rahmenerzählung, die alle Märchen des Almanachs verbindet: Ein Scheich veranstaltet jedes Jahr am Jahrestag der Verschleppung seines Sohns nach »Frankistan« ein Fest, an dem er zehn Sklaven die Freiheit schenkt, nachdem jeder von ihnen eine Geschichte erzählt hat. Das Märchen von Jakob ist also auf doppelte Weise verfremdet, weil es von einem aus Deutschland stammenden Sklaven auf einem orientalischen Fest einem Scheich erzählt wird, was wiederum Stoff einer Märchensammlung für deutsche Kinder ist.

Diese Art der Rahmenerzählung ist typisch vor allem für Novellensammlungen, aber auch für Märchen – Vorbild ist hier eine berühmte orientalische Sammlung von Märchen und Erzählungen, die *Geschichten aus 1001 Nacht*, die einem Sultan von Scheherazade, der Tochter seines Wesirs, erzählt werden. Das orientalisch-märchenhafte Ambiente hat allerdings nicht nur den Vorteil, dass es die Phantasie der jungen Leserinnen und Leser anregt. Es erlaubt seinem Autor außerdem, hinter der Fassade ferner Länder versteckt Kritik an den Zuständen im eigenen Land zu üben. In Hauffs vermeintlich wirklichkeitsfernen Märchen finden sich viele Anspielungen auf Politik und soziale Missstände. Es genügt, den König im *Kleinen Muck* anzusehen, der eher schlecht abschneidet: Obwohl sein Reich so lächerlich klein ist, dass der kleinwüchsige Muck in acht Stunden Fußmarsch die Grenze überqueren kann, gebärdet er sich wie ein großer Herrscher. Allerdings durchschaut er nicht einmal die Intrigen der eigenen Höflinge, und als er Mucks Pantoffeln ausprobieren will, macht er sich vollends lächerlich, weil seine Macht gegenüber den Zauberschuhen versagt. Er ist in übertragenem Sinn ohnmächtig und läuft sich in den Pantoffeln ganz konkret in eine Ohnmacht hinein. Noch deutlicher wird die Herrscherkritik im *Zwerg Nase*: Allen Klischees entsprechend ist das größte Anliegen des Fürsten sein Magen; wer diesen gut zu füllen versteht, der ist auf der Liste der Lieblingshöflinge ganz oben. Dass der Fürst hier keinen Spaß versteht, zeigt sich, als der befreundete Herzog die angebliche Königin aller Pasteten, die Souzeraine, verlangt. Wegen eines fehlenden Krauts droht Zwerg Nase der Tod, denn der Fürst kann die Schmach nicht ertragen, dass der Herzog ein Gericht besser zubereitet bekommt als er selbst: »Und doch werde ich sie essen [...], ich schwöre auf meine fürstliche Ehre, entweder zeige ich Euch morgen die Pastete, wie Ihr sie verlanget, oder – den Kopf dieses Burschen aufgespießt auf dem Tor meines Palastes« (S. 66). Um zu erkennen, dass der in der Folge ausgebrochene »Kräuter-Krieg«, der später durch den »Pastetenfrieden« beigelegt wird, eine nur wenig verschleierte Kritik an den Auseinandersetzungen der kleinen bis winzigen Fürsten- und Herzogtümer des damaligen Deutschland sind, muss man nicht gerade ein scharfsinniger Literaturkritiker sein ...

Hauffs Interesse an der Politik zeigt sich nicht nur in der Literatur: Während seiner Studienzeit in Tübingen wird er Mitglied in einer der ältesten Burschenschaften Deutschlands, die damals in der Folge der Befreiungskriege, die die Herrschaft Napoleons in Deutschland beenden, gegründet werden. Vor allem intellektuell-freiheitlich ausgerichtet, sind diese Studentenverbindungen ein Dorn im Auge der Obrigkeiten, und Hauff entgeht einer Verhaftung nur dadurch, dass er auf einen Sonderantrag hin sein Studium frühzeitig beenden darf. Auch sein bekanntester Roman, *Lichtenstein*, der kriegerische Auseinandersetzungen um den Herzog Ulrich von Württemberg zum Thema hat, zeigt Hauffs Interesse an Politik und Geschichte. Mit *Lichtenstein* wird Hauff zum Begründer des historischen Romans in Deutschland, ein Genre, das in England von Walter Scott begründet wurde, schnell auch in anderen europäischen Ländern aufgegriffen und deshalb auch als ›Scottomanie‹ bezeichnet wird. Dieser Scottomanie haben wir zu verdanken, dass Hauff uns neben seinen bis heute beliebten und immer wieder verfilmten Märchen (noch im Jahr 2003 kommt eine Zeichentrickfassung von *Zwerg Nase* in die Kinos) auch ein anderes, märchenhaftes Erbe hinterlassen hat: das Schloss Lichtenstein. Hauff schreibt seinen gleichnamigen Roman zwar hauptsächlich für ein weibliches Publikum, dessen Vorliebe für romantische Geschichten er durch die Liebesgeschichte, die den roten Faden in *Lichtenstein* bildet, befriedigt. Doch *Lichtenstein* begeistert keineswegs nur Frauen: Graf Wilhelm von Württemberg lässt sich von Hauffs Roman inspirieren und nur gute zehn Jahre nach dem Tod des Autors an der Stelle, an denen sich die Ruinen der alten Burg Lichtenstein befinden, ein

Schloss bauen. Äußerlich folgt es so gut wie möglich den Beschreibungen im Roman, und im Innern erzählen Wandmalereien Romanszenen nach. Das weithin sichtbar auf einem Felsen erbaute Schloss Lichtenstein steht in der gleichen Tradition wie Schloss Neuschwanstein: Beides sind im 19. Jahrhundert erbaute Schlösser, die märchenhafte Träume von einer längst vergangenen Zeit wahr werden lassen. Stoff zum Träumen hat uns Hauff trotz seines kurzen Lebens einigen hinterlassen, Geschichten, die uns dazu einladen, uns auf den Schwingen der Phantasie in fremde Gefilde entführen zu lassen.

Inhalt